BULGARIEN

SPAS RUSSINOV

BULGARIEN

LAND UND VOLK

WIRTSCHAFT UND KULTUR

Idee und Bildkonzeption Julian Tomanov

VERLAG AUREL BONGERS RECKLINGHAUSEN

© 1974 Verlag Aurel Bongers Recklinghausen

Alle Rechte, auch diejenigen der fotomechanischen Wiedergabe und des auszugsweisen Abdrucks, vorbehalten

Graphische Gestaltung: Straschimir Raschev

Gesamtherstellung: Graphische Kunstanstalt Aurel Bongers Recklinghausen

Printed in Western Germany · ISBN 3-7647-0266-4

LAND UND LEUTE

LANDSCHAFT UND NATURSCHÄTZE

Bulgarien liegt in Südosteuropa und nimmt den östlichen Teil der Balkanhalbinsel ein. Seine Grenzen bilden im Norden und Osten die Donau und das Schwarze Meer, im Süden und Westen dagegen Gebirge: Die Rhodopen und das Strandshagebirge trennen es von Griechenland und der Türkei, das Ograshden-, das Malaschevzi-, das Ossogovo- und das Westliche Balkangebirge von Jugoslawien.

Bulgarien ist zu allen Jahreszeiten schön. Die Luft ist klar und rein wie die Herzen und die Bestrebungen der Menschen, die es bewohnen.

Bulgariens Territorium ist nicht groß, es umfaßt rund 111 000 qkm. Doch die Schönheit wird nicht nach der Größe bemessen, sondern nach ihrem Gehalt und der ihr innewohnenden Harmonie.

Bulgarien hat eine mannigfaltige und schöne Natur. Seine Oberfläche ist ein Mosaik, in dem Gebirge mit bizarren Bergrücken und bewaldete Hügel bald von fruchtbaren Ebenen und malerischen Feldern, bald von Mulden und Tälern abgelöst werden.

Am Timok, der Westgrenze des Landes, beginnt der längste Gebirgszug des Landes, die Stara Planina oder der Balkan, der Bulgarien in zwei Teile teilt und dessen Ausläufer im Osten bis an die Schwarzmeerküste reichen.

Die südlichen Hänge des Balkans sind steil, während die nördlichen allmählich abfallen und in niedrigeren Ketten in die hügelige Donauebene übergehen. Die Hochgebirgswiesen sind mit üppigem Pflanzenwuchs bedeckt. Unterhalb des Gürtels der Hochgebirgsweiden lösen Nieder- und Hochwälder, vor allem Buchenwälder, einander ab.

Das Balkangebirge war die Stütze und die Feste des bulgarischen Staates. Selbst in den schwersten Jahren der Fremdherrschaft blieb das Nationalbewußtsein hier wach, in den tiefen Schluchten wurden so manche Eindringlinge abgewehrt, hier fiel auch der erste Schuß im bewaffneten Aufstand gegen die osmanischen Unterdrücker. Auf dem Schipkapaß im Balkangebirge fanden die für den siegreichen Ausgang des Russisch-Türkischen Krieges von 1877/78 entscheidenden Kämpfe statt. Auch den kühnen Söhnen des Volkes, die sich während des Zweiten Weltkriegs zum bewaffneten Kampf gegen Faschismus und Krieg erhoben, bot der Balkan Schutz. Deshalb heißt es in dem Volkslied, das vom Bulgaren erzählt, daß er im Sommer die goldenen Weizenfelder und im Winter einen Becher rotfunkelnden Weines liebt, weiter: »Will man wissen, wie der Bulgare ist, wenn ihn der Feind überfällt, so frage man den Balkan.«

Südlich vom Balkangebirge verläuft parallel zu ihm die Sredna Gora (Mittelgebirge). Sie ist niedriger als der Balkan, und ihre sanften Hänge sind von Buchenwäldern und ausgedehnten Weiden bedeckt.

Im Südwesten Bulgariens ragen das höchste Gebirge der Balkanhalbinsel, das Rilagebirge mit dem Mussala (2925 m), und sein Rivale, das Piringebirge mit dem Vichren (2915 m).

Das Rilagebirge ist nicht nur wegen seiner Höhe bemerkenswert und reizvoll, sondern auch wegen seiner kristallklaren Seen, der uralten Nadelwälder, die von Hirschen, Rehen und Gemsen bewohnt sind, und vor allem wegen der immergrünen Hänge mit glänzenden Schneewächten, wo reißende Bäche entspringen, die sich schäumend in die großen Flüsse Mariza, Iskar und Mesta ergießen.

Das sich südlich des Rilagebirges erstreckende Piringebirge hat ebenfalls alpinen Charakter mit schroffen, wilden Felszacken. Wunderschön ist diese Berglandschaft. Unter dem blauen Himmel glitzern Schneefelder und lazurblaue Seen. Auf seinen von uralten Föhren, Tannen und Panzerkiefern bestandenen Berglehnen blüht auch das seltene Edelweiß.

Im Süden Bulgariens, östlich vom Rila- und Piringebirge, liegt zwischen den Flüssen Mariza und Mesta und der Niederung längs der Nordküste des Ägäischen Meeres das ausgedehnteste Gebirgsmassiv der Balkanhalbinsel — die Rhodopen. Ihre Hänge sind von dichten Nadelwäldern bestanden, ihr Schoß birgt viele Bodenschätze, und zahlreiche Flüsse — Arda, Vatscha und andere — haben dort ihren Ursprung.

Die Rhodopen ziehen mit ihrer zauberhaften Schönheit jeden in ihren Bann. Sie sind die Heimat des Orpheus, der, wie die Sage berichtet, mit seinen Liedern sogar die wilden Tiere besänftigte. Die Schönheit dieser Landschaft hat der römische Dichter Ovid besungen.

Im südöstlichsten Teil des Landes liegt das niedrige Strandshagebirge. Es ist mit Eichenwäldern bestanden, in denen viel Wild lebt, und reich an Erzen. Im östlichen Teil des Gebirges, das bis ans Schwarze Meer reicht, macht sich der Einfluß des Mittelmeerklimas bemerkbar, deshalb kommen dort immergrüne Pflanzen vor.

Im Westen Bulgariens erheben sich das Vitoscha-, das Ljulin-, das Ossogovo- und das Belassizagebirge. Am Fuß des Vitoschagebirges liegt Sofia. Das Vitoschagebirge ist bei den Bewohnern der Hauptstadt sehr beliebt: Sie treiben dort Sport, machen Wanderungen oder verbringen in einer der vielen Hütten ihren Urlaub.

Wie eintönig und grau wäre jedoch das Relief des Landes, gäbe es zwischen den Gebirgsmassiven nicht die weiten fruchtbaren Ebenen und malerischen Täler, in denen Korn und Wein wachsen.

Die Donauebene, die fast ein Viertel des bulgarischen Territoriums einnimmt, erstreckt sich zwischen der Donau, dem Balkangebirge und dem Schwarzen Meer. Sie ist die Kornkammer des Landes und spendet reiche Erträge an Weizen, Mais, Sonnenblumen, Zuckerrüben, Tabak, Gemüse, Erdbeeren, Weintrauben und anderem Obst. Der Getreide- und Futterbau wie auch die Rinderzucht tragen viel zur Entwicklung der Viehwirtschaft bei.

Zwischen der Sredna Gora und den Rhodopen liegt die Thrakische Ebene, durch die Bulgariens größter Fluß, die Mariza, fließt. Diese südliche und fruchtbare Ebene war schon vor unserer Zeitrechnung von thrakischen Volksstämmen besiedelt, woher auch der Name Thrakien stammt. Homer nannte sie »Land der Fruchtbarkeit«, »Mutter der wolligen Schafe und der edlen Pferde«, die bei den Pferderennen »schnell wie der Wind« liefen. Doch lassen wir die Hyperbeln, die vielleicht durch den thrakischen Wein zu erklären sind, der, wie Homer bezeugt, in viele Länder ausgeführt wurde. Thrakien ist die Heimat des Spartakus, des kühnen Führers des großen Sklavenaufstands im alten Rom.

Die Thrakische Ebene ist auch heute noch als einer der fruchtbarsten Landstriche bekannt. Obstgärten reihen sich an Weingärten, daneben dehnen sich Gemüsefelder und Erdbeerpflanzungen und wieder Obst- und Weingärten. Auch Reis, Baumwolle, Hanf, Flachs und hochwertiger Tabak werden angebaut.

Zwischen dem Balkangebirge und der Sredna Gora liegt das Rosental, aus dem das vorzügliche weltbekannte bulgarische Rosenöl kommt.

Längs der Struma, die im Vitoschagebirge entspringt und nach Süden zum Ägäischen Meer fließt, gibt es kleine, aber schmucke und fruchtbare Täler, in denen unter dem Einfluß des milden Klimas vom Ägäischen Meer Weintrauben mit hohem Zuckergehalt und anderes Obst, erstklassige Tabaksorten, Baumwolle, Mohn, Erdnüsse und Feigen gedeihen.

Der Schoß der bulgarischen Erde birgt Vorräte an Steinkohle, Eisenerzen, Mangan, Blei-, Zinkerzen, Kupfer, Chrom sowie Steinen und Erden.

Bulgarien hat viele Flüsse, Quellen und Gebirgsseen. Im Osten ist es vom Schwarzen Meer begrenzt, im Norden von der Donau, und durch das ganze Land zieht sich ein dichtes Netz von Flüssen.

Die meisten Flüsse sind jedoch kurz, wasserarm und trocknen in den heißen Sommermonaten fast aus, deshalb wurden in den letzten dreißig Jahren in Bulgarien große Talsperren und Bewässerungssysteme gebaut, die mehr als 1 Million Hektar Anbaufläche bewässern.

Der größere Teil Bulgariens hat gemäßigtes Kontinentalklima, das in Nordbulgarien stärker ausgeprägt ist, während das Klima in der Thrakischen Ebene und den südlichen Grenzgebieten einen Übergang vom kontinentalen zum mediterranen Klima darstellt. Die mittlere Jahrestemperatur des Landes ist etwa 12 °C. Die mittlere Monatstemperatur beträgt im Januar 0 °C und im Juli 22 °C. Die Niederschlagsmenge beträgt im Jahresdurchschnitt rund 650 l/m².

FLORA UND FAUNA

Bulgariens Flora ist sehr mannigfaltig. Die geographische Lage und die unterschiedliche Oberflächengestalt des Landes begünstigen das Wachstum von Pflanzenarten, die zu 126 Familien gehören, vor allem von Vertretern der mitteleuropäischen Flora und in geringerem Maße von südeuropäischen Arten.

Man findet hier Pflanzen, die nur in Bulgarien vorkommen, sogenannte Endemiten. Von großer Bedeutung für die Wissenschaft sind die Reliktpflanzen, Formen, die sich aus weit zurückliegenden Zeiten erhalten haben.

Interessante Endemiten und Relikte sind das Edelweiß, Tulipa Urumovii (eine Tulpenart), die Königskerze, die Bulgarische Nelke, einige Arten der Flockenblume, der Rote Seidelbast, die Trollblume, der Frauenschuh, Haberlea rhodopensis u. a.

In Bulgarien wachsen auch die verschiedensten Heilkräuter und Wildfrüchte. Bekannt sind mehr als 520 Arten, von denen fast 400 in der chemisch-pharmazeutischen, der kosmetischen und der Nahrungsmittelindustrie sowie zur Weinbereitung genutzt werden.

Die Wälder bedecken fast ein Drittel von Bulgariens Territorium. Drei Viertel davon sind Laubwälder — Eiche, Buche, Hainbuche, Ulme, Esche, Feldahorn, Linde, Hasel, Pappel u. a. — und nur ein Viertel Nadelwälder — Schwarz- und Weißkiefer, Rumelische und Panzerkiefer, Fichte, Tanne und in geringerer Menge Bergkiefer. Relikte sind die Rumelische Kiefer, die Roßkastanie u. a.

In Bulgarien wurden über 13 000 Tierarten festgestellt, vier Fünftel davon sind Insekten. Von den Vögeln sind etwa 340 Arten vertreten, von den Säugetieren 87 Arten, von den Lurchen 11 Arten, von den Kriechtieren 36 Arten und von den Spinnentieren 700 Arten. Die Fischfauna besteht aus ungefähr 190 Arten. An Höhlenbewohnern wurden etwa 450 Arten festgestellt.

Die meisten Tierarten sind Vertreter der nordeuropäischen und der mitteleuropäischen Fauna, die übrigen gehören zur orientalischen und zur Mittelmeerregion.

Die wichtigeren Säugetiere sind Braunbär, Wolf, Fuchs, Baummarder, Steinmarder, Wildkatze, Wildschaf (Mufflon), Reh, Edelhirsch, Damhirsch, Wildschwein, verschiedene Iltisarten, Wiesel, Gemse, Hase, Fischotter, Haselmaus u. a.

Im Schwarzen Meer leben die seltene Mönchsrobbe und der Delphin.

Vertreter der Mittelmeerfauna sind der hauptsächlich im Strandshagebirge vorkommende Schakal und einige Fledermäuse.

Sehr schön und selten sind einige Raubvogelarten wie der Steinadler, der Seeadler, der Kaiseradler sowie mehrere Falken und Habichte... Nachtvögel sind der Uhu, der Steinkauz, der Waldkauz, die Waldohreule, die Sumpfohreule u. a.

Zahlreich sind die Arten der Sing- und der Sumpfvögel. Im Srebarna-See westlich von Silistra nistet der in Europa sehr seltene Krauskopfpelikan.

Vom Federwild sind Rebhühner, Steinhühner, Schnepfen, Bekassinen, Wildgänse und Wachteln interessant... Unter Naturschutz stehen Haselhuhn, Auerhahn, Hohltaube und Türkentaube.

Zur Erhaltung der Tier- und Pflanzenwelt und einiger landschaftlicher Besonderheiten wurden 55 Naturschutzgebiete und 6 Nationalparks geschaffen, und mehr als 570 Sehenswürdigkeiten der Natur stehen unter besonderem Schutz.

BEVÖLKERUNG UND GRÖSSERE STÄDTE

Bulgariens Bevölkerung zählt 8 640 000. Die Bulgaren machen 88 Prozent der Bevölkerung aus. Die übrigen Nationalitäten sind Türken, Zigeuner, Armenier, Russen, Griechen, Rumänen u. a. Die meisten Bulgaren sind frei von religiösen Vorurteilen. Die Gläubigen gehören vorwiegend der griechisch-orthodoxen Kirche an, es gibt aber auch Mohammedaner und ganz wenige Katholiken und Protestanten.

Alle Nationalitäten genießen in Bulgarien gleiche Rechte und Freiheiten, sie sprechen ihre eigene Sprache, bewahren ihre Traditionen und nehmen zusammen mit den Bulgaren aktiv an der Verwaltung und dem wirtschaftlichen und kulturellen Leben des Landes teil.

Das bulgarische Volk gehört zu den Südslawen. Die Südslawen besiedelten von altersher das Gebiet des heutigen Polen, West-Belorußland und die nordwestliche Ukraine und machten sich im 6. Jahrhundert auf der Balkanhalbinsel ansässig. Die Slawen gehören der indoeuropäischen Völkergruppe an. Im 7. Jahrhundert siedelten sich an der Donaumündung auch die Altbulgaren an, die aus dem Osten, aus dem Asowschen Gebiet gekommen waren. Die Altbulgaren, ein Turkvolk, schlossen mit den Slawen ein Bündnis und gründeten im Jahre 681 den Slawisch-Bulgarischen Staat. Die Altbulgaren, die nicht sehr zahlreich waren, gingen bald in den Südostslawen auf und gaben dem neuen Staat nur seinen Namen, Bulgarien, und seine militärische Organisation.

Die jahrhundertealte Vergangenheit, die unterschiedlichen Klima- und Naturverhältnisse wie auch die einzelnen sozialökonomischen Formationen drückten den bulgarischen Siedlungen ihren Stempel auf. Bulgarien ist ein Land mit alter Kultur. Schon die Thraker haben auf dem heutigen bulgarischen Gebiet Dörfer und Städte errichtet. Thrakischen Ursprungs sind die Städte Plovdiv (Pulpudeva), Jambol (Kabile), Nessebar (Mesembria). An der heutigen bulgarischen Schwarzmeerküste gründeten die alten Griechen ihre Kolonien. An ihrer Stelle befinden sich heute Sosopol, Achtopol, Pomorie (Anchialos) und Varna (Odessos). Nach den Griechen bauten die Römer viele Städte und Kastelle, vorwiegend an der Donau: Vidin (Bononia), Nikopol, Russe (Sexaginta Prista), Silistra (Durostorum). Die römische Herrschaft währte in diesen Gebieten annähernd fünf Jahrhunderte. In der Römerzeit wurden auch viele Städte als wichtige strategische Stützpunkte an den Straßen gegründet oder wiederaufgebaut und Ortschaften in der Nähe von Eisen- und Kupfererzlagerstätten oder anderen Vorkommen angelegt. Zu diesen zählen zum Beispiel Lovetsch (Melta) und Michailovgrad (Montanesium).

In Bulgarien werden nach wie vor auch Überreste anderer antiker Kastelle und Städte entdeckt, darunter von Ulpia Oescus, Nicopolis ad Istrum, Abrittus, Seuthopolis.

Nach der Ansiedlung der Slawen und der Gründung des bulgarischen Staates wurden die Ortschaften schon im frühen Mittelalter slawisiert. Auch neue slawische Städte wie Tarnovo, Preslav, Samokov u. a. entstanden.

Während der osmanischen Fremdherrschaft auf dem Balkan (14. bis 19. Jahrhundert), als die Osmanen massenweise dort angesiedelt wurden, zogen die Bewohner vieler an den großen Straßen und in den fruchtbaren Ebenen gelegenen Ortschaften in die Berge.

In dieser düsteren Zeit entstanden im Balkangebirge, im Strandshagebirge und anderwärts eine Reihe bulgarischer Dörfer, die zu ihrer Zeit als Handwerks-, Handels- und Bergbauzentren bekannt waren und sich später zu Städten entwickelten: Gabrovo, Trojan, Kotel, Drjanovo, Elena, Teteven, Panagjurischte u. a. Die Bewohner dieser Ortschaften waren später Vorkämpfer für die Nationale Wiedergeburt.

Die Bevölkerung befaßte sich im Mittelalter hauptsächlich mit Ackerbau und Weidewirtschaft, so daß Dörfer und Weiler vorherrschten.

Nach Bulgariens Befreiung von der osmanischen Fremdherrschaft durch Rußland im Jahre 1878 wanderten die Osmanen massenweise aus. In der Entwicklung der bulgarischen Siedlungen begann eine neue Epoche. Die Bulgaren strebten nach den Ebenen, den großen Flüssen und Straßen. Der Bau von Straßen, Eisenbahnstrecken und Häfen, die Errichtung von Industriebetrieben und die Entwicklung des Bergbaus hatten zur Folge, daß aus kleinen und alten Dörfern große, belebte Industrie- und Handelsstädte wurden. Diese Entwicklung vollzog sich jedoch langsam und mühsam wegen des langsamen Tempos und der Krisenerscheinungen in der wirtschaftlichen Entwicklung des Landes.

In den letzten drei Jahrzehnten, in den Jahren des sozialistischen Aufbaus Bulgariens, entstanden neue Industriestädte wie Dimitroffgrad, Madan, Rudosem u. a., und die alten Städte veränderten sich von Grund auf. Städte und Dörfer erhielten durch moderne architektonische Gestaltung und bauliche Maßnahmen ein neues Aussehen, neue Wohnhäuser und Kulturbauten entstanden, und die Menschen blicken froh und zuversichtlich in die Zukunft.

In Bulgarien gibt es insgesamt 5687 Siedlungen, von denen 175 Städte sind. In den Städten leben rund 65 Prozent der Bevölkerung.

Bulgariens Hauptstadt ist Sofia. Sie liegt in 550 m Höhe ü. d. M. im südlichen Teil der Sofioter Ebene am Fuß des Vitoschagebirges.

Sofia datiert aus dem 1. Jahrhundert, als das Römische Reich seine Herrschaft auf die Balkanhalbinsel ausdehnte und Serdica — so hieß die Stadt damals — zu einem wichtigen Verwaltungs- und Handelszentrum machte.

Als Festungsstadt des Oströmischen Reiches (Byzanz) war Serdica verheerenden Einfällen der Barbaren ausgesetzt. Unter Kaiser Justinian (6. Jahrhundert) wurde Serdica erneut zu einer bedeutenden Stadt. Im 7. Jahrhundert fiel es in die Hände der auf der Balkanhalbinsel vordringenden slawischen Stämme. Im 9. Jahrhundert wurde die bereits völlig slawisierte Stadt, die jetzt den slawischen Namen Sredez trug, ein wichtiges militärisches, politisches und Kulturzentrum des ausgedehnten Bulgarenreiches. Ende des 14. Jahrhunderts erhielt sie den Namen Sofia. Als die Osmanen im Jahre 1386 die Stadt eroberten, wurde sie der Sitz des Rumelischen Beilerbeg, der ein großes Gebiet verwaltete, das fast die gesamte Balkanhalbinsel umfaßte.

Gegen Ende der osmanischen Fremdherrschaft hatte Sofia ein völlig orientalisches Aussehen. Die Befreiung im Jahre 1878 fand eine wirtschaftlich zerrüttete Stadt mit rund 20 000 Einwohnern vor. 1879 wurde Sofia zur Hauptstadt des befreiten Bulgarien gewählt.

Heute ist Sofia das größte politisch-gesellschaftliche, Wirtschafts- und Kulturzentrum Bulgariens und hat 1 Million Einwohner. Über ein Fünftel der Industrieproduktion des Landes (dem Wert nach) und der Arbeiter ist in der Hauptstadt konzentriert. Der Maschinenbau steht an erster Stelle. Stark entwickelt sind der Transport- und Elektromaschinenbau und die metallverarbeitende Industrie. Einen wichtigen Platz nehmen die Nahrungs- und Genußmittelindustrie sowie die Textil- und Bekleidungsindustrie ein. Ferner gibt es in Sofia Betriebe der Schuh-, Möbel-, Papier-, Gummi- und Tabakindustrie, der chemischen und anderer Industrien.

Sofia ist ein großer Verkehrsknotenpunkt, in dem Eisenbahnlinien, Fernverkehrsstraßen und Fluglinien zusammentreffen.

Sofia ist Bulgariens größtes Kulturzentrum. Dort befinden sich die Staatsuniversität und viele andere Hochschulen, an denen über 60 000 Studenten aus ganz Bulgarien und dem Ausland studieren. Es ist der Sitz der Bulgarischen Akademie der Wissenschaften und der Akademie der Landwirtschaftswissenschaften. In der Hauptstadt gibt es zahlreiche Kulturinstitute, Bibliotheken, Gemäldegalerien, Museen, Schulen, Kulturhäuser, die Nationaloper, Theater und Lichtspielhäuser, Rundfunk- und Fernsehsender. In Sofia gibt es Dutzende von Polikliniken, Krankenhäusern und anderen Gesundheitseinrichtungen, die der Sofioter Bevölkerung unentgeltlich zur Verfügung stehen.

»Sofia wächst, aber es altert nicht« steht auf dem Stadtwappen. Die Stadt hat sich von Grund auf gewandelt. Es entstanden moderne Wohnkomplexe, Parks, Gärten, Denkmäler, Boulevards und Geschäfte. Ganze Viertel wurden umgebaut. Die günstige Lage, das gute Klima, die Mineralbäder und die schöne Umgebung machen Sofia zu einem wahren Kurort.

Bulgariens zweitgrößte Stadt ist Plovdiv (250 000 Einwohner). Sie liegt im westlichen Teil der Thrakischen Ebene, malerisch auf sechs Hügeln an beiden Ufern der Mariza erbaut.

Plovdiv befindet sich an der Stelle der einstigen thrakischen Siedlung Eumolpias (1000 v. u. Z.), die im 5. Jahrhundert v. u. Z. die Hauptstadt des thrakischen Staates war. Im Jahre 341 v. u. Z. wurde sie von Philipp II. von Makedonien erobert, der ihr den Namen Philippopolis gab. Später nahmen die Römer die Stadt ein und nannten sie Trimontium. Seitdem war Plovdivs Schicksal sehr wechselreich. Im Laufe der Jahrhunderte haben dort Byzantiner, Bulgaren, Kreuzritter und Osmanen ihre Waffen gekreuzt. Am 17. April 1878 wurde Plovdiv durch die russischen Truppen von der osmanischen Fremdherrschaft befreit.

Heute entwickelt sich Plovdiv rasch zu einem Industriezentrum. Es gibt dort große Industriebetriebe wie das Buntmetallkombinat, ein Autoreparaturwerk, eine Maschinen-, eine Schuh- und eine Konservenfabrik sowie ein Baumwolltextilkombinat. In Plovdiv werden in Serienfertigung Elektromotoren, Verbindungselemente und Rauchwaren hergestellt. Ferner gibt es große Tabaklager, Zigarettenfabriken, eine Zuckerfabrik, eine Bierbrauerei, ein Werk für Behälterglas u. a.

Die Stadt liegt an der internationalen Eisenbahnstrecke und der Fernverkehrsstraße, die Europa mit dem Mittleren Osten verbinden. Sie ist ein Kulturzentrum mit Hochschulen, Kulturinstituten, historischen Stätten und Denkmälern. In Plovdiv findet alljährlich eine internationale Messe statt.

Varna (206 000 Einwohner) ist Bulgariens drittgrößte Stadt und größter Schwarzmeerhafen. Eisenbahnlinien verbinden es mit dem ganzen Land. Varna hat einen Flughafen für den zivilen Luftverkehr.

Die ersten Ansiedler ließen sich vor 2500 Jahren an diesem Ort nieder. Seit dieser Zeit hat die Siedlung trotz aller Wechselfälle der Geschichte bestanden. Sie wurde von griechischen Kolonisten gegründet, die sie Odessos nannten. Im Mittelalter fand dort eine Schlacht zwischen dem polnischen König Wladyslaw und den Osmanen statt, bei der Wladyslaw sein Leben ließ. Außer einer Industriestadt, in deren Werft »Georgi Dimitroff« bereits große Hochseeschiffe vom Stapel laufen, ist Varna auch ein weltbekanntes Seebad, die »Perle des Schwarzen Meeres«. An der Küste erstreckt sich der Meeresgarten mit einem großen Kasino, einem Freilichttheater, Tanzflächen und Kinderspielplätzen. In nördlicher Richtung reihen sich an der Küste 20 Kilometer lang Wein- und Obstgärten und Wälder. Dort liegen auch die bekannten Seebäder Drushba und Slatni Pjassazi. Aus den Trauben, die am Meeresufer reifen, wird der berühmte Euxinograder Wein gekeltert.

Russe (145 000 Einwohner) ist der größte bulgarische Donauhafen und ein wichtiges Handels- und Industriezentrum. Russe liegt an der Stelle, wo im 1. Jahrhundert v. u. Z. die römische Stadt Sexaginta Prista, d. h. »Stadt der sechzig Schiffe«, gegründet worden war. In den letzten Jahrhunderten der osmanischen Fremdherrschaft war Russe das Verwaltungs- und Handelszentrum von ganz Nordbulgarien. Dort wirkten auch viele namhafte Vorkämpfer für die nationale Befreiung.

In Russe befinden sich das größte bulgarische Werk für Landmaschinen, eine Werft für den Bau von Flußschiffen, ein Lokomotiven- und Waggonwerk, eine Erdölraffinerie, eine Anlage zur Herstellung von Asphalt und andere Betriebe der metallverarbeitenden und der chemischen Industrie. Die Stadt ist ein bedeutendes Verkehrszentrum. Die große Donaubrücke bei Russe gewährleistet den Eisenbahn- und Kraftverkehr mit der Sowjetunion und allen Ländern Nord- und Mitteleuropas.

Russe ist mit seinen Baudenkmälern aus vielen Epochen und dem lebhaften Treiben einer Hafenstadt sehr anziehend.

Burgas liegt an der größten Bucht der bulgarischen Schwarzmeerküste. Es hat fast 136 000 Einwohner. Mit seinem modernen Hafen und den vielen Matrosen aus aller Welt, die man dort antrifft, ist es eine echte Seestadt. Es besitzt aber auch zahlreiche Industriebetriebe, deren größte die Waggonfabrik und das Kabelwerk sind. Bei Burgas wurde ein großes Erdölchemiekombinat mit eigenem Hafen erbaut. Burgas ist Bulgariens zweites Tor zum Meer.

Veliko Tarnovo (42 000 Einwohner) ist eine besonders reizvolle Stadt. Seine Häuser sind amphitheatralisch auf den steilen Ufern der Jantra erbaut und spiegeln sich im klaren Wasser des Flusses. Archäologische Funde auf den Hügeln Zarevez und Trapesiza zeugen von der wechselvollen und stürmischen Vergangenheit dieser Stadt.

Von den Slawen gegründet, war Veliko Tarnovo die Hauptstadt des Zweiten Bulgarenreiches, in der Handel und Kultur zu hoher Blüte gelangten. In der Zeit der Nationalen Wiedergeburt wurde es zu einem Mittelpunkt des Kampfes für kirchliche und politische Freiheit. In Veliko Tarnovo wurde nach der Befreiung des Landes von der osmanischen Fremdherrschaft und der Gründung des bulgarischen Staates die erste Verfassung geschaffen. Dort entstand auch die sozialistische Bewegung des Landes.

Jetzt entwickelt sich die Stadt zu einem Industrie- und Kulturzentrum. Es gibt dort Betriebe der Textil-, der Nahrungs- und Genußmittel-, der Baustoff- und der Möbelindustrie sowie ein großes Werk für Kondensatoren und Rundfunkempfänger.

Veliko Tarnovo besitzt eine pädagogische Hochschule, mehrere polytechnische Oberschulen und Fachschulen, ein Schauspielhaus, eine Bibliothek, Museen und zahlreiche Denkmäler. Die malerische Lage der Stadt und ihre historischen Denkmäler locken Tausende Touristen aus der ganzen Welt an.

Stara Sagora (104 000 Einwohner) liegt an der Stelle der alten thrakischen Siedlung Beroe und trägt seit dem 7. Jahrhundert seinen heutigen Namen. Am Kreuzweg zwischen Norden und Süden und Osten und Westen gelegen, war die Stadt zahlreichen fremden Einfällen ausgesetzt. Im Russisch-Türkischen Krieg (1877/78) wurde sie völlig zerstört, später aber wieder aufgebaut.

Heute ist sie eines der größten Verwaltungs- und Wirtschaftszentren des Landes. In Stara Sagora gibt es ein Werk für Maschinen der Nahrungs- und Genußmittelindustrie, ein Werk für Beleuchtungskörper, eine Fabrik für landwirtschaftliche Geräte und viele Betriebe der Nahrungs- und Genußmittelindustrie. In der Nähe der Stadt liegt Bulgariens größtes Werk für mineralische Düngemittel. Die Entwicklung der Stadt ist eng mit dem Wärmeenergiekomplex »Mariza-Istok« verknüpft, der südlich von ihr errichtet wird.

Stara Sagora ist ein wichtiger Verkehrsknotenpunkt und ein Handelszentrum. Es besitzt mehrere Forschungsinstitute, ein pädagogisches Institut sowie zahlreiche allgemeinbildende und Fachschulen.

Stara Sagora ist eine schöne Stadt mit moderner Architektur. Rundfunk, Oper, Theater und Sinfonieorchester bieten ihren Einwohnern und Gästen ein vielseitiges kulturelles Leben.

Pleven (89 000 Einwohner) ist ein wichtiges Wirtschafts-, Verkehrs-, Verwaltungs- und Kulturzentrum. Die Stadt wurde in der thrakischen Epoche in der Gegend »Kailaka« — heute einer der schönsten Naturparks des Landes — gegründet. Sie liegt in der fruchtbaren Donauebene an der Eisenbahnstrecke Sofia—Varna und entwickelt sich zu einem Industrie- und Handelszentrum. Eine große Maschinenfabrik erzeugt Schmiede- und Preßmaschinen, Kompressoren, Wasserturbinen u. a. Auch die Zement-, die Textil- und die Nahrungs- und Genußmittelindustrie sind entwickelt.

Pleven ist auch ein bedeutendes Kulturzentrum. Es besitzt ein pädagogisches Institut, ein Forschungsinstitut für Weinbau und Weinbereitung, ein Schauspielhaus, ein Sinfonieorchester, Museen und viele Denkmäler.

BULGARIEN ALS REISELAND

Bulgariens Naturschönheiten, sein reiches kulturelles Erbe, die zahlreichen historischen und Kulturdenkmäler und die allseitigen Errungenschaften des Landes im Aufbau der sozialistischen Gesellschaft begünstigen die Entwicklung des Inlands- und Auslandstourismus.

Die Wirtschaftsvereinigung Balkantourist bietet den ausländischen Gästen in mehr als 260 Hotels ausgezeichnete Bedingungen für einen sorglosen und angenehmen Urlaubsaufenthalt. An der bulgarischen Schwarzmeerküste, die sich in den letzten Jahren zu einem der bedeutendsten Urlaubsgebiete Europas entwickelt hat, entstehen neue Badeorte.

Die zahlreichen Strände sind mit feinem, goldgelbem Sand bedeckt, und das Wasser in den flachen Buchten ist klar und sauber. Und noch ein Vorzug: im Schwarzen Meer gibt es keine Haie, keine giftigen Fische, keine stark brennenden Quallen, keine Seeigel und Schnecken.

Das Schwarze Meer hat fast keine Gezeiten. Die Mündungen der Kamtschija, des Ropotamo und der Veleka, deren exotisch anmutende Schönheit vielen Sommergästen unvergeßlich geblieben ist, erhöhen noch den Reiz der Küste.

Nördlich vom Kap Kaliakra ist die romantische »Vogelbucht« (Tauk-Liman). Dort liegt der Ferienort Russalka, in dem vorwiegend Gäste aus Frankreich, Belgien und der Schweiz ihren Urlaub verbringen. Der neue Kurort Albena liegt zwischen Baltschik und dem weltbekannten Seebad Slatni Pjassazi an der Mündung der Battovska Reka. Sein 5 Kilometer langer Strand ist mit feinem sauberem Sand bedeckt. Dort wurden mehrere große Hotels mit stufenförmig angeordneten Stockwerken, 7 kleine Hotels und 350 hölzerne Bungalows mit je 2 Betten gebaut. Insgesamt hat der Kurort Albena bereits über 2000 Betten.

Die bekannten Seebäder Slatni Pjassazi und Drushba liegen nördlich von Varna, der größten bulgarischen Stadt am Schwarzen Meer. Dank den Bequemlichkeiten, die sie den Gästen bieten, der üppigen Vegetation und der malerischen Landschaft können sie mit Biarritz, Palma de Mallorca und der Riviera konkurrieren. Es gibt dort 85 Hotels mit insgesamt mehr als 17 000 Betten und 120 Gaststätten mit über 25 000 Plätzen.

Das Seebad Slantschev Brjag liegt südlich vom Kap Emine bei dem alten bulgarischen Städtchen Nessebar. Auch hier finden die ausländischen Gäste ausgezeichnete Bedingungen für einen Sommeraufenthalt: warmes Meer, schönen Strand, mildes Klima und viele Unterhaltungen. Der Strand, der an vielen Stellen Dünen hat, erstreckt sich an einer 9 Kilometer langen hufeisenförmigen Bucht. In Slantschev Brjag gibt es 87 Hotels und Hunderte Bungalows mit insgesamt 18 000 Betten.

Besonders schön ist die südliche Schwarzmeerküste Bulgariens, die von der Bezirkshauptstadt Burgas bis zur Resovska Reka an der türkischen Grenze reicht. Die Badeorte Sosopol, Kavazite, Alepu, Arkutino, Perla, Primorsko, Kiten, Mitschurin und Achtopol locken alljährlich Tausende Touristen an.

Bulgarien ist eines der wenigen Länder der Welt, das die Natur verschwenderisch mit mehr als 500 sehr heilkräftigen Mineralquellen bedacht hat. Die meisten davon sind Thermen mit Wassertemperaturen von 37 bis 100 Grad Celsius. Die Wässer sind schwach mineralhaltig, wodurch eine hohe biologische Aktivität bedingt wird. Die Heilkraft der Mineralquellen war bereits vor 3000 Jahren den alten Thrakern, Griechen, Römern und anderen Völkergruppen bekannt, die die bulgarischen Gebiete besiedelten. Bei den Quellen wurden zahlreiche Heilbäder und Sanatorien gebaut, in denen viele Kranke aus dem In- und Ausland Heilung suchen.

Das Gebirgsklima in Bulgarien ist ebenfalls günstig für einen Erholungsaufenthalt. Es ist mild, denn die Gebirgsmassive sind von ausgedehnten Laub- und Nadelwäldern bedeckt. Deshalb ließ der Staat in den letzten dreißig Jahren in den Bergen viele Ferienheime, Hotels, Hütten und Sportanlagen bauen. Die Höhenkurorte sind modern und für Kraftfahrzeuge leicht erreichbar. Die bekanntesten Kurorte im Rilagebirge sind Borovez, Govedarzi, Kostenze, der touristische Komplex Maljoviza und das Rila-Kloster. Im Piringebirge liegen die touristischen Komplexe Vichren und Banderiza, in den Rhodopen die Kurorte Pamporovo, Batak, Jundola, Velingrad und Peschtera. Im Balkangebirge sind Berkoviza mit dem Komgipfel und Beklemeto zu empfehlen, und in der Umgebung von Sofia, im schönen Vitoschagebirge, bieten zahlreiche Hütten und Ferienheime, der touristische Komplex Aleko, Slatni Mostove, Ofelia und andere Stätten ausgezeichnete Erholungsmöglichkeiten. Diese Kurorte haben insgesamt 8000 Betten. Den Touristen stehen Sessel- und Skilifte zur Verfügung.

ABBILDUNGEN 1—66

1 Vladimir Dimitrov — Meister: »Bulgarisches Bauernmädchen« Foto: *Julian Tomanov*
2 Die im Volksepos besungene, sagenumwobene Gebirgskette des Balkangebirges, in der Antike Haemus genannt, zieht sich durch ganz Bulgarien Foto: *Stojko Koshucharov*
3 Das verschneite Dorf Foto: *Ala Kostova*
4 Wintermärchen Foto: *Petar Boshkov*
5 Touristen im Vitoscha-Gebirge, in unmittelbarer Nähe der Hauptstadt Sofia Foto: *Dimo Dimov*
6 Mit den Skiern im Vitoscha-Gebirge Foto: *Dimo Dimov*
7 Olympia-Hoffnung Foto: *Dimo Dimov*
8 »Schtastlivez«, ein Touristenzentrum im Vitoscha-Gebirge Foto: *Dimo Dimov*
9 Im Rila-Gebirge, dem höchsten auf der Balkan-Halbinsel Foto: *Ala Kostova*
10 In dem alpenähnlichen hohen, schönen Pirin-Gebirge Foto: *Konstantin Kostov*
11 Auerochsen Foto: *Ognjan Juskesseliev*
12 Winterlicher Wald Foto: *Boris Georgiev*
13 Frühlingserwachen Foto: *Konstantin Kostov*
14 Junger Hirsch Foto: *Konstantin Halatschev*
15 Weidmanns Heil! Foto: *Konstantin Halatschev*
16 Trappe Foto: *Boris Georgiev*
17 Jäger mit Donau-Falken Foto: *Boris Georgiev*
18 Waldschnepfe Foto: *Boris Georgiev*
19 Das Dorf Schiroka Laka im Rhodopen-Gebirge Foto: *Dimo Dimov*
20 »Bauernmadonna« Foto: *Lotte Michajlova*
21 Der Landwirt Foto: *Petar Boshkov*
22 Inneneinrichtung in einem Haus im Dorf Sheravna Foto: *Stefan Stefanov*
23—24 »Alt und jung« Fotos: *Petar Boshkov*
25 Klatschweiber Foto: *Ivan Kepenerov*
26 Rhodopen-Landschaft Foto: *Stojko Koshucharov*
27 Fichten im Rila-Gebirge Foto: *Petar Boshkov*
28 Vorfrühling Foto: *Ala Kostova*
29 »Horo«, ein bulgarischer Volkstanz Foto: *Dimo Dimov*
30 Volksmusikorchester »100 Dudelsäcke« Foto: *Dimo Dimov*
31 Die Festung bei Belogradtschik Foto: *Vladimir Dimtschev*
32 Felsen bei der Stadt Belogradtschik Foto: *Vladimir Dimtschev*
33 Das Befreierdenkmal in Sofia Foto: *Stojko Koshucharov*
34 Ansicht von Sofia Foto: *Ivan Kepenerov*
35 Willkommen! Foto: *Lotte Michajlova*
36 Gute Reise! Foto: *Lotte Michajlova*
37 Der Boulevard Russki in Sofia Foto: *Stojko Koshucharov*
38 Ein kühler Nachmittag Foto: *Stojko Koshucharov*
39 Die zu Ehren der russischen Befreier errichtete Gedächtniskirche »Alexandăr Nevski« Foto: *Dimo Dimov*
40 Auf dem Boulevard »Alexandăr Stambolijski« Foto: *Stojko Koshucharov*
41 Moränen im Vitoscha-Gebirge bei Sofia Foto: *Dimo Dimov*
42 In den neuerrichteten Wohnvierteln von Sofia Foto: *Ivan Kepenerov*
43—44 Vorderansicht und Rückseite eines Gebäudekomplexes Fotos: *Georgie Russinov*
45 Guten Morgen! Foto: *Radoslav Paruschev*
46 Das Denkmal der sowjetischen Befreiungsarmee in Sofia Foto: *Dimitar Janev*
47 Plovdiv — das alte Trimontium — mit den Stadthügeln Foto: *Konstantin Halatschev*
48 Der Mariza-Fluß bei Plovdiv Foto: *Konstantin Halatschev*
49 Zanko Lavrenov: »Die Altstadt von Plovdiv« Foto: *Julian Tomanov*
50 Die Stadt Veliko Tarnovo aus der Vogelperspektive Foto: *Dimo Dimov*
51 Donau-Landschaft Foto: *Konstantin Halatschev*
52 Die Stadtmitte von Russe an der Donau Foto: *Toros Horissjan*
53 Donaupelikan Foto: *Konstantin Halatschev*
54 Fischer auf der Donau Foto: *Konstantin Halatschev*
55 Reicher Fang Foto: *Konstantin Halatschev*
56 Angler Foto: *Konstantin Halatschev*
57 Das weltberühmte Schwarzmeerseebad »Slatni Pjassazi« (Goldstrand) bei der Stadt Varna Foto: *Julian Tomanov*
58 Hotel »International« im Seebad Slatni Pjassazi Foto: *Sdravko Petkov*
59 »Auf großer Fahrt« Foto: *Radoslav Paruschev*
60 Spiel auf den Wellen Foto: *Toros Horissjan*
61 In einem Unterhaltungslokal im Seebad »Slatni Pjassazi« Foto: *Radoslav Paruschev*
62 Das Schwarzmeer-Seebad Albena Foto: *Julian Tomanov*
63 Der größte Schwarzmeer-Seebadkomplex »Slantschev Brjag« — Sonnenstrand — bei Burgas Foto: *Julian Tomanov*
64 Ein Vergnügen Foto: *Lotte Michajlova*
65 Im Seebad Albena Foto: *Ljuben Tscharaktschiev*
66 Fischerschenke im Seebad Slatni Pjassazi — Goldstrand Foto: *Radoslav Paruschev*

3

4

5

6

7

11	12
13	14

15

17

16

18

21

22

23

24

25

27

28

33

34

35

36

37

38

47 | 48

53 | 54
55 | 56

58

59

60

61

64

65

66

DREIZEHN JAHRHUNDERTE GESCHICHTE DES BULGARISCHEN VOLKES

GRÜNDUNG, FESTIGUNG UND BLÜTE DES ERSTEN BULGARENREICHES (7.—11. Jahrhundert)

Der bulgarische Staat wurde im Jahre 681 von zwei Volksgruppen — den Protobulgaren und den Südslawen gegründet.

Im 6. Jahrhundert siedelten sich die Slawen, die der indoeuropäischen ethnischen Gruppe angehörten, auf der Balkanhalbinsel in den von Byzanz beherrschten Gebieten an. Allmählich gelang es ihnen, die byzantinische Herrschaft auf der Balkanhalbinsel abzuwerfen und sich dort seßhaft zu machen. Sie wurden dabei von der thrakisch-illyrischen Bevölkerung unterstützt.

Im 7. Jahrhundert drangen vom Asowschen Meer, nördlich vom Kaukasus auch die Protobulgaren, ein Turkvolk, auf die Balkanhalbinsel vor. Geführt von Chan Asparuch schlugen sie 680 die Truppen Byzanz' an der Donaumündung und siedelten sich in dem Gebiet des heutigen Nordostbulgarien an.

Die Protobulgaren schlossen ein Bündnis mit den slawischen Stämmen und so kam es zur Gründung des Slawisch-Bulgarischen Staates. Im Jahre 681 schloß Byzanz mit dem Slawisch-Bulgarischen Staat einen Friedensvertrag und verpflichtete sich, ihm Tribut zu zahlen. Durch diesen Akt wurde der neugegründete Staat, der sich Bulgarien nannte, auch de facto anerkannt. Pliska wurde die Hauptstadt Bulgariens und seine Grenze mit Byzanz verlief am Balkangebirge.

Seiner gesellschaftspolitischen Ordnung nach war Bulgarien ein Staat frühfeudalistischen Typus'. Im 10. Jahrhundert festigte sich der Feudalismus als herrschendes System. Im 9. bis 10. Jahrhundert erreichte der damalige bulgarische Staat seine höchste militärische und politische Macht.

Zur Zeit des großen Heerführers, Staatsmannes und ersten Gesetzgebers Chan Krum (803—814) vernichteten die Bulgaren die Awaren im Westen und fügten im Jahre 811 den Byzantinern die bis zu diesem Augenblick größte Niederlage bei. In einem Engpaß im südlichen Balkangebirge wurde die byzantinische Armee vernichtend geschlagen. Auch Kaiser Nikephoros I. fiel in diesem Kampf. Bulgariens Grenzen reichten um die Mitte des 9. Jahrhunderts nordwestlich bis zur Theiß, im Norden bis zu den Karpaten, im Osten bis zum Dnestr, im Südwesten bis zur Adria und im Süden bis zu den Rhodopen.

Die Siege wie auch der darauffolgende anhaltende Frieden mit Byzanz trugen sehr zur weiteren Festigung des mittelalterlichen Bulgarien bei. Es wurden Schlösser, Festungen, Brücken und Denkmäler gebaut, Kultur, Kunst und Architektur entfalteten sich. Eines der bemerkenswertesten Kunstdenkmäler aus jener Zeit ist das große Felsrelief bei Pliska, der sogenannte »Reiter von Madara«.

Die Annahme des Christentums als offizielle Staatsreligion unter Fürst Boris I. (852—889) verwischte die religiösen Unterschiede zwischen den Slawen und Bulgaren und wurde die religiöse Plattform der Feudalordnung. Das Christentum diente als Verbindung der entstehenden bulgarischen Nation zu den Kulturschätzen der anderen Länder und Völker.

Das im Jahre 855 von den Brüdern Kyrill und Methodius aus Saloniki, die slawischer Herkunft waren, geschaffene *slawische Schrifttum* trieb die sozialökonomische und kulturelle Entwicklung Bulgariens entscheidend voran.

Das slawische Schrifttum wurde in Bulgarien nach 885 verbreitet als die aus Großmähren vertriebenen Schüler Kyrills und Methodius' von Fürst Boris herzlich aufgenommen wurden. Die Volksbildner entfalteten eine lobenswerte literarische und Bildungstätigkeit. Kliment von Ochrida gründete eine Schule, in der über 3500 Lehrer und Priester ausgebildet wurden.

Der Bulgarische Staat erreichte unter Zar Simeon (893—927) seine größte territoriale Ausdehnung, seine höchste politische Macht und kulturelle Blüte. Die Zentralgewalt festigte sich, und die Bojaren schlossen sich um den Herrscher zusammen. Die Kriege gegen Byzanz, in denen Bulgarien bestrebt war, alle slawisch besiedelten Gebiete an sich zu bringen, endeten erfolgreich.

Die territoriale Ausdehnung des Landes hatte zur Folge, daß der Zar und der Feudaladel große Reichtümer anhäuften und Voraussetzungen für einen bedeutenden Aufschwung der materiellen und geistigen Kultur, für die Entfaltung von Architektur, Malerei und Literatur entstanden. Preslav war der Mittelpunkt dieser Kultur in jener Zeit und es wurde 893 die Hauptstadt des Landes. Bulgarien verwandelte sich in ein Zentrum des slawischen Schrifttums und der slawischen Kultur. Die griechische Sprache wurde durch die slawische ersetzt, und auch die Inschriften wurden in slawischer Sprache verfaßt. Es entstand eine mannigfaltige offizielle und später apokryphe Literatur in slawischer Sprache. Zu dieser Zeit, die das »goldene Zeitalter der bulgarischen Literatur« genannt wird, entfalteten die ersten bulgarischen Schriftsteller Johannes der Exarch, Bischof Konstantin von Preslav und der Mönch Chrabr eine umfangreiche literarische Tätigkeit.

Die entstandenen offiziellen und apokryphen Schriften trugen zur Verbreitung der slawischen Sprache und des slawischen Schrifttums wie auch zur Bildung und Festigung des bulgarischen Nationalbewußtseins bei, das durch die neue eigenständige Kultur erweckt worden war, die auch auf die kulturelle Entwicklung der benachbarten Slawenvölker einen fruchtbaren Einfluß ausübte.

Die Folgen der fortgesetzten erschöpfenden Kriege gegen Byzanz, die Verarmung der Volksmassen, die inneren Fehden der Feudalherren, besonders nach dem Tod Simeons (927) brachten das Land an den Rand des Abgrunds. Die Unzufriedenheit der unterdrückten Massen und deren Haß gegen die herrschenden Klassen kamen in der Bogomilenbewegung zum Ausdruck, die nach ihrem Begründer, dem Popen Bogomil, benannt wurde. Die Bewegung, die ihrer Form nach religiös und ihrem Wesen nach sozialökonomisch war, richtete sich gegen die feudale Unterdrückung und die offizielle Kirche. Sie war eine der ersten bemerkenswerten gesellschaftlichen Erscheinungen im mittelalterlichen Bulgarien. Die Bogomilen rieten den leibeigenen Bauern, nicht für die Feudalherren zu arbeiten, sich dem Zaren nicht zu unterwerfen, gegen das Privateigentum und gegen den Krieg zu kämpfen. Die Lehre der Bogomilen fand beim Volk begeisterte Unterstützung. Das Bogomilentum drang nach Kleinasien, nach Serbien und Bosnien vor und übte auch auf die religiösen ketzerischen Bewegungen im Westen, in Italien (Katharer), in Frankreich (Albigenser) u. a. einen großen Einfluß aus.

Die Unzufriedenheit der Massen, hervorgerufen durch die Ausweglosigkeit wie auch die separatistischen Bestrebungen der Bojaren, die Schwäche der Machthaber, weckten die Eroberungsgelüste von Byzanz, das den Krieg zur Vernichtung Bulgariens erneut begann und im Jahre 972 die östlichen Provinzen unterwarf. Westbulgarien mit der Hauptstadt Ochrida, an dessen Spitze der große Heerführer und Staatsmann Samuil stand, verteidigte seine Unabhängigkeit heldenhaft bis 1018.

Die byzantinischen Eroberer plünderten und brandschatzten und übten eine Willkürherrschaft aus. Sie wollten das höchste Volksgut — das bulgarische Schrifttum — und damit das nationale Bewußtsein vernichten. Doch diese Assimilationsversuche endeten mit einem Mißerfolg. Das bulgarische Volk lehnte sich auf und versuchte zweimal die Fremdherrschaft abzuwerfen und den Bulgarischen Staat wiederherzustellen (1040—1041 und 1072). Die vorübergehenden Mißerfolge erschütterten seinen Glauben und seine revolutionäre Entschlossenheit nicht, die nicht nur durch die Willkür der Eroberer, sondern auch durch die Bogomilenbewegung gestärkt wurde. Sie lenkte den Kampf des Volkes gegen die soziale Unterdrückung und gegen das politische fremde Joch.

DAS ZWEITE BULGARENREICH (12.—14. Jahrhundert)

Als Folge eines mächtigen Volksaufstandes unter der Führung der Brüder Peter und Assen erkannte Byzanz 1187 die Unabhängigkeit der bulgarischen Gebiete nördlich des Balkangebirges an. So wurde das Zweite Bulgarenreich mit der Hauptstadt Tarnovo gegründet. Assen und Peter wurden die Opfer einer Verschwörung. Ihr energischer Bruder Kalojan (1197—1207), der sich als kühner und weitblickender Staatsmann, Diplomat und Heerführer auszeichnete, übernahm die Führung des Reiches. Allmählich befreite er fast alle unter byzantinischer Herrschaft verbliebenen Gebiete — Ostmösien, Thrakien, Makedonien und das Gebiet von Belgrad. Im Jahre 1202 unterzeichnete Byzanz einen Friedensvertrag und erkannte die von Kalojan befreiten Gebiete an.

Als 1204 Kalojan die internationale Lage des Landes festigen konnte, indem er mit dem Papst eine Union gründete, wurde Bulgarien durch das sogenannte Lateinische Reich, das 1204 von den Kreuzfahrern, die Byzanz bereits erobert und sich in Konstantinopel niedergelassen hatten, geschaffen worden war, bedroht. Der lateinische Kaiser Balduin lehnte die Vorschläge Kalojans für gute Nachbarschaft und Frieden ab und forderte hochmütig, daß sich die Bulgaren den Lateinern gegenüber wie Sklaven verhielten. Da unternahm Kalojan einen kühnen Feldzug nach Süden. Am 14. April 1205 wurden die Kreuzritter bei Adrianopel von den bulgarischen Reiterscharen vernichtend geschlagen und Kaiser Balduin als Gefangener nach Tarnovo gebracht.

Als Kalojan Thrakien und Makedonien befreit hatte und sich zum Sturm gegen Saloniki rüstete, fiel er einer Verschwörung der Bojaren zum Opfer.

Nach dem Tod Kalojans wurde das Land zum Schauplatz innerer Kämpfe, Tatareneinfälle und grausamer Auseinandersetzungen mit den Bogomilen, die den einzigen Ausweg aus dieser Tragödie im Aufstand sahen.

In dieser Situation wurde der Usurpator Boril gestürzt. Mit der Unterstützung des Volkes bestieg Ivan Assen II. (1218—1241) den Thron. Wiederum gelangte Bulgarien zur Macht und wurde das stärkste Reich in Südosteuropa. 1230 schlugen die Bulgaren bei Klokotniza (Thrakien) das von dem Despoten von Epirus Theodor Komnenos angeführte Heer und er wurde mit den überlebenden Soldaten gefangengenommen. Ivan Assen II. befreite alle bulgarischen Gebiete von der Fremdherrschaft und der Macht der byzantinischen Feudalherren. In dem ausgedehnten Bulgarenreich waren die Möglichkeiten für einen wirtschaftlichen und kulturellen Aufschwung gegeben. Unter Ivan Assen II. wurden Kirchen, Festungen und Brücken gebaut, Münzen geprägt, er beschützte den Handel und die Künste und verfolgte die Bogomilen nicht.

Unter den Nachfolgern Ivan Assens II. verschlechterten sich die Verhältnisse in Bulgarien von neuem. Die wirtschaftlichen Voraussetzungen für den Aufstand bestanden schon lange, doch die revolutionäre Lage entstand, als die inneren Kämpfe, die fremden Einfälle, die schrecklichen Steuern und die grausame Ausbeutung unerträglich wurden. Die Entrechteten hatten keinen anderen Ausweg, als zu den Waffen zu greifen. Im Jahre 1277 brach ein antifeudaler Aufstand der Bauern in Nordostbulgarien aus. Sein Anführer war der Schweinehirt Ivailo Bardokva. Der Bauernaufstand vertrieb die Tataren aus dem Land, schlug danach das Heer des Zaren und eroberte die Hauptstadt Tarnovo. Ivailo wurde zum Zaren proklamiert.

Der Erfolg dieses ersten antifeudalen Aufstands in der Welt rief in den Nachbarländern große Unruhe hervor. Aus diesem Grunde entsandte der byzantinische Kaiser ein Heer gegen den Bauernzaren. Auch die Tatareneinfälle setzten wieder ein.

Die Truppen Ivailos schlugen die Byzantiner zurück und vernichteten die Tataren. Doch diese Kriege erschöpften die Kräfte der Bauern völlig und ihre Lage, die sich fast nicht gebessert hatte, verschlechterte sich noch mehr. Die Widerstandskraft verringerte sich. Die Bojaren nutzten das aus und stürzten Ivailo (1280).

Nach der Niederschlagung des Aufstands war die Zentralgewalt in Bulgarien geschwächt, und die Bojaren gewannen an Macht. Die Herrscher aus den Geschlechtern der Terter und Schischman vermochten diese Zersplitterung und Schwächung des Bulgarenreichs nicht aufzuhalten und es war nicht länger in der Lage, seine Unabhängigkeit gegen die äußeren Feinde zu verteidigen.

Unabhängig von den Prüfungen, den abwechselnden Blüte- und Verfallszeiten verzeichnete die bulgarische Kultur einen neuen beachtlichen Fortschritt. Zahlreiche bulgarische Schriftsteller aus jener Zeit wie Patriarch Euthymius, Grigorij Camblak, Konstantin der Philosoph und andere gründeten ihre Schulen und schufen neben den religiösen Schriften auch Bücher weltlichen Charakters mit wahrheitsgetreuem realistischem Inhalt. Es erschienen Bücher, die von den mannigfaltigen Interessen der gebildeten Kreise zeugten. Eine größere Blüte erreichten die apokryphen Schriften, die die Stimmungen der breiten Volksmassen widerspiegelten.

Es entstanden viele Kirchen, Baudenkmäler und Festungen, die von Geschmack, Maß und praktischem Sinn zeugen. Das, was von der Zeit und den Unterdrückern in der Malerei verschont blieb, erweckt berechtigten Stolz auf das große Talent der Bulgaren. Ein beredtes Beispiel dafür sind die Wandmalereien in der Kirche von Bojana bei Sofia, die 1259 entstanden. Die Wandmalereien in dieser Kirche fesseln durch ihre mächtige Kraft der Begabung, der Verallgemeinerung, durch das künstlerische Manifest über die Rolle der Kunst, die sich des schematischen Kirchenstils der Epoche entledigt hat und zu einer Wiedergabe der Gedanken und Ideen der Zeit übergegangen ist. Diese Kunst war wie ein Leuchtfeuer, das den Weg lange vor dem Auftreten der Renaissance in Italien erhellte.

Diese Leistungen in der Literatur und Kunst in Bulgarien, die in den Legenden, in den Denkmälern und Überlieferungen erhalten blieben, trugen in großem Maße zur Aufrechterhaltung des bulgarischen nationalen Geistes und Bewußtseins in den dunklen Jahren der fünf Jahrhunderte währenden osmanischen Knechtschaft in Bulgarien bei.

Die ständigen inneren Unruhen und endlosen Kriege gegen Byzanz und Serbien im 14. Jahrhundert brachten die Volksmassen an den Bettelstab, und das Land war schwach und zerstückelt. Zur Zeit Ivan Alexanders (1331—1337) zerfiel Bulgarien in drei Staaten — das Tarnovoer Reich, das Vidiner Reich und das Fürstentum Dobrudsha. Zur gleichen Zeit, Mitte des 14. Jahrhunderts, betrat die Türkei, die sich in Kleinasien als starke Macht gefestigt hatte, europäischen Boden an der Küste des Marmarameeres und begann ihre Eroberungskriege auf der Balkanhalbinsel.

Die Balkanstaaten, die in ständige Kriege verwickelt und durch unversöhnlichen Haß geblendet waren, verbündeten sich nicht gegen die sie bedrohende Gefahr. Sie wurden trotz andauernden und heldenhaften Widerstands eine leichte Beute der starken türkischen Militärorganisation.

Nach einer schweren Belagerung im Jahre 1393 eroberten die Türken Tarnovo und 1396 auch die zweite bulgarische Hauptstadt Vidin. So hörte das mittelalterliche Bulgarien auf als selbständiger Staat zu bestehen und verwandelte sich in eine Provinz des Osmanischen Reiches.

Es setzte die schwerste Zeit in der Geschichte des bulgarischen Volkes ein — eine Periode nie dagewesener Grausamkeiten, Demütigungen und der Willkür — die kein anderes Volk in Europa je ertragen hatte. Die türkischen Eroberer betrieben eine grausame Politik der nationalen, wirtschaftlichen, kulturellen und religiösen Assimilation. Die Klöster, Kirchen und Bibliotheken wurden zerstört und eingeäschert. Die türkischen Behörden siedelten massenweise Türken auf bulgarischem Territorium an und vertrieben die bulgarische Bevölkerung aus den fruchtbarsten und an strategischen Straßen gelegenen Gebieten.

Die türkischen Eroberer errichteten auf bulgarischem Boden ein feudales Militärsystem, das im Vergleich zum Feudalsystem im mittelalterlichen Bulgarischen Staat auf einer bedeutend niedrigeren Stufe stand. Sie schufen weit grausamere Formen der Ausbeutung und Ausplünderung der unterdrückten bulgarischen Bevölkerung. Den Bulgaren wurden über 90 ordentliche und ebensoviele außerordentliche Steuern auferlegt. Das, was der Staat nicht durch Steuern erbeuten konnte, plünderten die türkischen Feudalherren und Spahis. Diese versklavenden ökonomischen Verhältnisse legten die Produktivkräfte völlig lahm und hemmten die wirtschaftliche Entwicklung Bulgariens viele Jahrhunderte.

Aber das bulgarische Volk beugte sich nicht. Im ganzen Land brachen bewaffnete Aufstände aus, die mit unbeschreiblicher Grausamkeit niedergeschlagen wurden.

Kühne Söhne des Volkes bildeten Heiduckenscharen, die das Volk vor den Grausamkeiten der Obrigkeit beschützten und gegen die türkischen Truppen kämpften.

Die Aufstände und die Heiduckenbewegung vom 15. bis 18. Jahrhundert schwächten die Widerstandsfähigkeit des Osmanischen Reiches und stärkten den Geist und den Willen des bulgarischen Volkes, den Kampf bis zum endgültigen Sieg fortzusetzen.

DIE NATIONALE BEFREIUNGSBEWEGUNG DES BULGARISCHEN VOLKES. DIE BEFREIUNG BULGARIENS (18.—19. Jahrhundert)

In der zweiten Hälfte des 18. Jahrhunderts tauchten die Manufakturen auf, es entwickelten sich die Warenproduktion und der Handel, es wurden die kapitalistischen Produktionsverhältnisse geschaffen. Es entstanden Voraussetzungen für die Beseitigung der Feudalordnung und für die Errichtung des Kapitalismus. Aber der Kampf gegen den Feudalismus war ohne die Vernichtung des türkischen feudalen Militärsystems unmöglich. Es mußte eine nationale Befreiungsideologie geschaffen und der organisierte Kampf um die nationale und soziale Befreiung aufgenommen werden.

Der erste Ideologe der bulgarischen nationalen Wiedergeburt war Passij Chilendarski (1722—1798). Im Jahre 1762 schrieb er die »Slawisch-Bulgarische Geschichte«, die ein flammender Aufruf an das bulgarische Volk war, seine Sprache und das Nationalbewußtsein hoch und heilig zu halten und um seine nationale Wiedergeburt und Befreiung zu kämpfen.

Unter dem Einfluß der Wiedergeburtsideen in der ersten Hälfte des 19. Jahrhunderts entfaltete sich in Bulgarien eine mächtige Aufklärungs- und Bildungsbewegung im Volk. Dr. Peter Beron gab im Jahre 1824 seine »Fischfibel« heraus und kam damit dem großen Streben nach weltlicher Bildung nach. Im Jahre 1835 eröffnete Vassil Aprilov in Gabrovo die erste bulgarische weltliche Schule, die von Tausenden bulgarischen Jugendlichen absolviert wurde. In den Städten und Dörfern entstanden Schulen und »Tschitalischta« (Kulturhäuser) mit öffentlichen Bibliotheken und Theatertruppen. Im Jahre 1876 gab es in Bulgarien bereits 1500 Grund- und viele Einklassenschulen. Rasch entwickelten sich Literatur und Periodika.

Die Blüte des Bildungswesens und der Kultur in Bulgarien war begleitet vom Kampf um die Unabhängigkeit der Kirche vom griechischen Patriarchat, das bereits mit dem Eindringen der Türken auf der Balkanhalbinsel alle Kirchenämter in bulgarischen Gebieten usurpiert hatte. Der Kampf um die Unabhängigkeit der Kirche, der einen Massencharakter angenommen hatte, war andauernd und dramatisch. In ihm ließen namhafte Bulgaren wie Neophyt Bosveli und die Brüder Miladinov ihr Leben.

Die osmanische Regierung gab, um der wachsenden Unzufriedenheit des Volkes Einhalt zu gebieten und die revolutionäre Strömung aufzuhalten im Jahre 1870 einen Ferman über die Schaffung einer selbständigen bulgarischen Kirche, mit einem Exarchen als Oberhaupt, heraus. Damit erkannte sie die Bulgaren als eigene Nationalität an.

Doch die weitere wirtschaftliche und kulturelle Entwicklung Bulgariens wurde durch die Fremdherrschaft gehemmt. Um alle Schranken aus dem Weg zu räumen und seine volle nationale und politische Freiheit zu erringen, mußte das bulgarische Volk zur Waffe greifen.

Der erste Ideologe und Organisator dieser Bewegung war Georgi Sava Rakovski (1821—1867). Er kämpfte für die Revolution, die mit dem Eindringen organisierter bewaffneter Freischaren in Bulgarien ausbrechen sollte. Er schuf auch in Belgrad die erste bewaffnete Macht der nationalen Revolution, die »Bulgarische Legion«, die sich aktiv am Aufstand der Serben gegen die osmanische Knechtschaft beteiligte. Die von Rakovski ins Land geschickten gut ausgebildeten und bewaffneten Freischaren wurden jedoch in den schweren ungleichen Kämpfen gegen die türkische reguläre Armee aufgerieben, ohne das ersehnte Ziel zu erreichen.

Eine neue Taktik des revolutionären Kampfes wurde von dem legendären Sohn des bulgarischen Volkes und konsequenten Revolutionär und Demokraten Vassil Levski (1837—1873) ausgearbeitet. Er legte die Notwendigkeit dar, eine revolutionäre Organisation zur Vorbereitung eines allgemeinen Aufstands im Lande zu schaffen und hob die außerordentliche Bedeutung der Beteiligung der Volksmassen am Kampf um die Befreiung und die Notwendigkeit ihrer Organisation und Bewaffnung hervor.

Im Jahre 1869 gründeten Vassil Levski und Ljuben Karavelov (ein namhafter bulgarischer Revolutionär, Schriftsteller und Demokrat in der Wiedergeburtszeit) ein Geheimes Revolutionäres Zentralkomitee in Bukarest, das die Leitung der Revolutionsbewegung übernahm.

Vassil Levski kehrte nach Bulgarien zurück, wo er eine geheime innere Revolutionsorganisation mit einem breiten Netz von örtlichen Komitees schuf. Bei den Vorbereitungen der Volksrevolution wurde Vassil Levski verraten, von den Osmanen gefangengenommen und 1873 in Sofia gehenkt.

Nach dem Tode Vassil Levskis stellte sich der große Dichter und Revolutionär, Demokrat und utopische Sozialist Christo Botev (1848—1876) an die Spitze des Revolutionären Zentralkomitees. Er setzte das revolutionäre Werk, die demokratischen Traditionen und den begeisterten Kampf Levskis fort.

Botev meinte, daß sich das unterdrückte bulgarische Volk nur durch eine Revolution befreien könne, und zwar durch eine »unverzügliche, tollkühne Revolution des Volkes«, die die Balkanhalbinsel nicht nur von den Türken, sondern auch von allem säubern sollte, das einer »absoluten menschlichen Freiheit« im Wege stand.

Die Ideen und die hingebende Tätigkeit der bulgarischen Revolutionäre verliehen dem Befreiungskampf des Volkes einen starken Auftrieb. Der Kampf erreichte seinen Höhepunkt im heldenhaften Aprilaufstand vom Jahre 1876. Der Aufstand brach im April in Koprivschtiza aus, griff auf Panagjurischte, die Gebiete des Sredna-Gora-Gebirges und der Nordrhodopen bis ins Balkangebirge, Tarnovo, Gabrovo und Sevlievo über.

Die türkische Regierung warf ihre regulären Truppen gegen die Aufständischen. Es begannen schwere Kämpfe in Panagjurischte, Klissura, Peruschtiza, Batak, Brazigovo, im Drjanovo-Kloster und an anderen Orten.

Christo Botev, der an der Spitze einer 200 Mann starken Aufständischenschar den Kapitän des österreichischen Dampfers »Radetzky« gezwungen hatte, in Bulgarien vor Anker zu gehen, eilte dem aufständischen Volk zu Hilfe. Den bewaffneten Widerstand der türkischen Truppen bezwingend, erreichte die Freischar Botevs den Vola-Gipfel bei Vraza, wo der Wojewode im harten Kampf fiel. Seine Schar, die ihre ganze Munition verschossen hatte, wurde völlig aufgerieben.

Trotz des beispiellosen Heldenmutes und der Selbstaufopferung des aufständischen Volkes, reichten seine Kräfte gegen die türkische Übermacht nicht aus. Der Aufstand wurde grausam niedergeschlagen, die aufständischen Städte, Dörfer und Gebiete wurden mit Feuer und Schwert vernichtet.

Obwohl der Aprilaufstand mit einer Niederlage endete, erschütterte er das Osmanische Reich in seinen Grundfesten, entlarvte vor der ganzen Welt die Greueltaten der osmanischen Machthaber, zeigte die Entschlossenheit des bulgarischen Volkes, sich von seinem Unterdrücker zu befreien. Eine mächtige Protestwelle erhob sich in der ganzen Welt. Die größten Wissenschaftler, Schriftsteller, Publizisten und namhafte Persönlichkeiten, wie Tolstoi, Dostojewski, Victor Hugo, Giuseppe Garibaldi, Darwin, Mendelejew, MacGahan, Girardin, erhoben ihre Stimme für die gerechte Sache der Bulgaren. Die öffentliche Meinung in vielen Ländern Europas war entschieden auf seiten der Bulgaren, doch einzig in Rußland entfaltete sich eine Massenbewegung für die Befreiung der bulgarischen Brüder. Nach der Ablehnung der türkischen Regierung, Bulgarien laut den Beschlüssen der Konstantinopler Konferenz der Großmächte im Jahre 1876 als autonomes Land anzuerkennen, erklärte Rußland im April 1877 der Türkei den Krieg. Mit der russischen Armee kämpfte auch die rumänische Armee. Zur Unterstützung der russischen Truppen wurde eine bulgarische Landwehr aufgestellt. In den Gefechten am Schipkapaß, die für den Ausgang des Kampfes bei Pleven und des Krieges überhaupt von entscheidender Bedeutung waren, legte die Landwehr große Tapferkeit und Heldenmut bei der Verteidigung des Passes, des Balkangebirges, Bulgariens an den Tag.

In blutigen Kämpfen wurde die türkische Armee vernichtend geschlagen. Am 3. März 1878 unterzeichnete die Türkei den Friedensvertrag von San Stefano, laut dem Bulgarien als unabhängiger Staat, darin inbegriffen Nord- und Südbulgarien und fast ganz Makedonien, anerkannt wurde.

Die westlichen Großmächte und besonders die englische konservative Regierung Beaconsfield konnten sich mit den Erfolgen der Russen nicht versöhnen. Sie erzwangen die Einberufung des Berliner Kongresses, auf dem Bulgarien in drei Teile zerrissen wurde: in das Bulgarische Fürstentum (Nordbulgarien und das Sofioter Gebiet), Ostrumelien (Südbulgarien) — ein autonomes unter der unmittelbaren Verwaltung des Sultans und das ägäische Thrakien und Makedonien, die wieder unter türkischer Herrschaft blieben.

BULGARIEN UNTER DER HERRSCHAFT DES KAPITALISMUS (1878—1944)

Der Russisch-Türkische Krieg befreite das bulgarische Volk nicht nur von der Fremdherrschaft, sondern vernichtete auch die türkische feudale Militärordnung und löste auf diese Weise die Aufgaben der bürgerlich-demokratischen Revolution in Bulgarien. Die Vereinigung von Nord- und Südbulgarien im Jahre 1885 schaffte Voraussetzungen für eine ungehemmte kapitalistische Entwicklung des Landes. Es wurden Eisenbahnlinien, Häfen, Straßen und Industrieunternehmen gebaut. Damit verstärkte sich die Ausbeutung der im Bauwesen und in der Industrie beschäftigten Arbeiter, deren Arbeitstag vierzehn bis sechzehn Stunden dauerte. Der Prozeß des Ruins der landarmen Bauern, die schwere Steuerlasten zu tragen hatten, verstärkte sich. Die Armee der Arbeitslosen und Armen in den Städten erhöhte sich ständig durch die zugrundegerichteten, von Grund und Boden vertriebenen Bauern.

Im Lande faßte das fremde Kapital immer mehr Fuß und machte es wirtschaftlich abhängig. Besonders verderblich wirkte sich in dieser Hinsicht die Rolle Ferdinands von Sachsen-Coburg und Gotha aus, der 1887 den Thron bestieg, und ein Agent des deutschen und österreichisch-ungarischen Imperialismus, ein äußerster Reaktionär und Abenteurer war.

Unter den Umständen der beschleunigten Klassendifferenzierung bildeten sich auch die politischen Parteien, die die Interessen der verschiedenen Klassen und Gruppen der Gesellschaft vertraten.

Im Jahre 1891 legte Dimiter Blagoev, der zu jener Zeit größte Marxist auf dem Balkan, die Grundlagen der Bulgarischen Kommunistischen Partei. Es entstanden auch die Gewerkschaftsorganisationen der Arbeiter, die sich im Jahre 1904 in einem Allgemeinen Gewerkschaftsbund zusammenschlossen.

Die zahlenmäßig geringen Arbeiterkollektive, die einer stets stärker werdenden Ausbeutung ausgesetzt waren, begannen Streikkämpfe zu organisieren, die besonders nach 1905 immer hartnäckiger wurden. Der bürgerlichen Macht fiel es immer schwerer, dem Druck der Massen standzuhalten, und deshalb begann sie Terror und Gewalt anzuwenden.

Die rasche Entwicklung des Kapitalismus erforderte eine Erweiterung der Absatzmärkte sowie territoriale Erweiterungen. Die Verwirklichung dieser Ziele stand im Einklang mit den Interessen des nationalen Befreiungskampfes der Bevölkerung in Makedonien, Thrakien, Kossovo polje (Amselfeld) und Albanien, die immer noch unter dem türkischen Krummsäbel litten und Hilfe von den bereits befreiten Balkanländern erwarteten.

Im Jahre 1912 gründeten Bulgarien, Griechenland, Serbien und Montenegro den *Balkanbund* und begannen Kriegshandlungen gegen die Türkei. In nur fünfundzwanzig Tagen wurde die Türkei besiegt und bat um Abbruch des Krieges.

Doch noch war der Krieg gegen die Türkei nicht zu Ende, entstanden Zwistigkeiten zwischen den Verbündeten über die Teilung der eroberten Gebiete. Entgegen dem Willen der Balkanvölker brach der zweite Balkankrieg aus (Juni—Juli 1913). Die bulgarische Armee mußte gegen die Griechen, Serben und Montenegriner kämpfen. Zur gleichen Zeit drangen in Bulgarien türkische und rumänische Truppen ein. Die bulgarische Regierung sah sich gezwungen, den Abbruch der Kriegshandlungen zu fordern. Laut dem Friedensvertrag mußte Bulgarien Gebiete an seine Nachbarländer abtreten.

Im Oktober 1915 stürzten Zar Ferdinand und die bulgarische Bourgeoisie Bulgarien in den Ersten Weltkrieg auf seiten Deutschlands in der Hoffnung, die im zweiten Balkankrieg verlorenen Gebiete zurückzugewinnen. Die bulgarischen Truppen standen im Westen gegen Serbien, im Süden gegen Griechenland und im Norden gegen Rumänien, wo sie am Seret auf russische Soldaten stießen.

Trotz der Tapferkeit der bulgarischen Soldaten und der anfänglichen militärischen Erfolge, war die Lage an der Front und im Hinterland schlecht. Der andauernde Krieg brachte Not und Leid für das Volk mit sich. Die Wirtschaft wurde zerrüttet, die Industrie machte eine Krise durch. Die Deutschen plünderten das Land aus, und die Bourgeoisie nutzte den Krieg aus, um durch Spekulation und Geschäfte Reichtümer anzuhäufen.

Die Kunde vom Sieg der Sozialistischen Oktoberrevolution rief einen mächtigen revolutionären Aufschwung an der Front und im Hinterland hervor. Es brachen Aufstände in der Armee aus, die vom zaristischen Kommando grausam niedergeschlagen wurden.

Der Durchbruch der Streitkräfte der Entente bei Dobro pole im September 1918 beschleunigte den Aufstand. Die aufständischen Soldaten nahmen das Hauptquartier ein, riefen die Republik aus und gelangten bis vor Sofia. Doch hier wurden sie mit Hilfe deutscher Truppen von regierungstreuen Einheiten niedergeschlagen. Tausende Soldaten wurden erschossen oder kamen ins Gefängnis.

Obwohl er niedergeworfen wurde, beschleunigte der Aufstand das Ausscheiden Bulgariens aus dem Krieg. Zar Ferdinand mußte das Land verlassen und sein Sohn Boris III. übernahm die Herrschaft.

In der schwierigen Situation nach dem Ersten Weltkrieg kam die Bulgarische Bauernpartei, dessen Führer Alexander Stambolijski war, an die Macht. Die Bauernpartei gewann im Jahre 1920 mit Stimmenmehrheit die Wahlen und Alexander Stambolijski bildete eine selbständige Regierung, die Bulgarien drei Jahre lang regierte (1920—1923). Stambolijski führte soziale Reformen durch, die die Grundlagen der kapitalistischen Ordnung jedoch nicht antasteten.

Die Großbourgeoisie und Zar Boris, deren wirtschaftliche und politische Interessen fühlbar betroffen waren, schufen eine geheime faschistische Organisation »Naroden sgovor« (Volkseintracht), deren Führer Alexander Zankov war.

Die Faschisten unternahmen zahlreiche Provokationen, doch stießen sie auf den organisierten Widerstand der Bauernpartei und der Kommunistischen Partei. Die erfolgreichen Schläge gegen den faschistischen Block nährten in der Leitung der Bauernpartei die Illusion, daß die Kräfte der Reaktion isoliert und vernichtet seien und sie verschlechterte ihre Beziehungen zur Kommunistischen Partei und begann die Kommunisten zu terrorisieren. Die reaktionäre Bourgeoisie und der Zar nutzten diese Zwistigkeiten geschickt aus und verübten in der Nacht zum 9. Juni 1923 einen militärfaschistischen Staatsstreich. Es wurde eine neue Regierung mit dem Führer der Faschisten, Alexander Zankov, an der Spitze gebildet. Alexander Stombolijski wurde gefangengenommen und ermordet.

Über 100 000 Arbeiter und Bauern erhoben sich zum bewaffneten Kampf gegen den faschistischen Putsch. Der Aufstand, der spontan ausgebrochen war, blieb ohne Leitung und die Aufständischen wurden von der faschistischen Regierung zerschlagen. Ein furchtbarer Terror setzte ein. Tausende Kommunisten, Arbeiter und Bauern wurden gefangengenommen und vor Gericht gestellt. Unter diesen Umständen wählte die Kommunistische Partei den Weg des revolutionären bewaffneten Massenkampfes als rechtmäßige Verteidigung gegen den barbarischen Faschismus.

Im September 1923 erhob sich das bulgarische Volk zum bewaffneten Kampf. Der Aufstand dauerte zwei Wochen. Dieser erste antifaschistische bewaffnete Aufstand wurde mit unerhörter Grausamkeit niedergeworfen. Über 20 000 Arbeiter, Bauern und Vertreter der Volksintelligenz wurden erschossen, gehenkt oder bei lebendigem Leib verbrannt. Andere wurden verhaftet, gemartert und ins Gefängnis geworfen. Tausende waren gezwungen, ins Ausland zu fliehen.

Der faschistische Obskurantismus schreckte das Volk jedoch nicht ab. Der Kampf wurde breiter und massenhafter. In den Parlamentswahlen im Jahre 1931 stimmten die Volksmassen für den »Naroden Blok« (Nationaler Block), der von den bürgerlichen Parteien geschaffen worden war, die sich nicht an den faschistischen Verbrechen beteiligt hatten. Die Regierung des »Naroden Blok« regierte bis 1934.

In diesen Jahren, in denen die Wirtschaft des Landes von einer Krise erschüttert wurde, erfuhr die antifaschistische, demokratische Bewegung einen großen Auftrieb. Eine mächtige Streikwelle überflutete das Land. In den Gemeindewahlen im Jahre 1932 stimmten die Sofioter Werktätigen trotz des Polizeiterrors für die Kandidaten der Arbeiterpartei. Die Geschichte kennt unter der reaktionären bürgerlichen Diktatur keinen Präzedenzfall, daß durch Wahlen die Gemeindeverwaltung in der Hauptstadt eines Landes von Kommunisten gewonnen wird. Doch die Regierung riß sich die demokratische Maske vom Gesicht und annulierte die Wahlergebnisse.

Die Wahlen zeigten erneut, daß das Bewußtsein und die Handlungen des politisch aufgeschlossenen bulgarischen Volkes nicht durch die faschistischen Bajonette und Knüppel der Polizei gelenkt werden können.

Trotz dieser historischen Lehre, errichteten die reaktionären Kräfte in Bulgarien im Jahre 1934 eine offene faschistische Diktatur und beseitigten auch die letzten Reste der bürgerlichen Demokratie. Die politischen Parteien wurden verboten und die Organisations-, Versammlungs-, Rede- und Pressefreiheit aufgehoben.

Eine große Rolle für die Vereinigung der Volksmassen und die Verstärkung der antifaschistischen Bewegung in Bulgarien spielte in dieser Periode der historische Sieg Georgi Dimitroffs im Reichstagsbrandprozeß (1933). Auf diesem Prozeß wurde der große Sohn des bulgarischen Volkes vom Angeklagten zum Ankläger. Er entlarvte mit gewaltiger Kraft das barbarische, volksfeindliche und militaristische Wesen des Faschismus und rief die Volksmassen zur Einheit im Kampf gegen den Faschismus und den Krieg auf.

Damals wurden die Grundlagen für die antifaschistische Volksfront in Bulgarien gelegt, die alle demokratischen und antifaschistischen Kräfte im gemeinsamen Kampf gegen den Faschismus, zur Erhaltung des Friedens, für Demokratie, gegen den Beitritt Bulgariens zur Hitlerkoalition, für Freundschaft mit der Sowjetunion zusammenschloß.

Doch die faschistische Regierung, die sich auf die reaktionär gesinnten Offiziere und die Hitlertruppen stützte, die sich in Bulgarien als »Touristen« getarnt aufhielten, unterzeichnete den Beitritt Bulgariens zum Dreimächtepakt. Am 3. März 1941 marschierten deutsche Divisionen ins Land ein und drangen von hier aus nach Jugoslawien und Griechenland vor.

Der heimtückische Überfall Hitlerdeutschlands auf die Sowjetunion am 22. Juni 1941 und die Verwandlung Bulgariens in einen Aufmarschraum der faschistischen Truppen rief eine mächtige Welle der Empörung und des Protestes unter den Volksmassen hervor. Zwei Tage nach dem Angriff auf die Sowjetunion nahm die Kommunistische Partei Kurs auf einen *bewaffneten Kampf* gegen die Hitlerbesatzer und ihre bulgarischen Werkzeuge. In den Städten und in vielen Dörfern wurden Kampfgruppen organisiert, deren Aufgabe es war, Sabotage- und Diversionsakte durchzuführen. In den verschiedenen Gebieten des Landes wurden Partisanenabteilungen gebildet. Ende 1941 erklärte die bulgarische Regierung auf Forderung Deutschlands den USA und England »symbolisch« den Krieg, die diese Erklärung mit schrecklichen Luftangriffen beantworteten.

Im Jahre 1942 wurde auf Initiative Georgi Dimitroffs die Vaterländische Front gegründet, die alle fortschrittlichen Organisationen und Menschen im Kampf gegen den Faschismus und für die Rettung Bulgariens vereinte.

Nach der Vernichtung der Hitlerarmee bei Stalingrad (Februar 1943) nahm die Revolutionsbewegung in Bulgarien einen Massencharakter an. Es entstanden neue Partisanenabteilungen und Kampfgruppen. Zur Leitung der Partisanenbewegung wurde ein Generalstab der Volksbefreiungsarmee geschaffen und das Land in 12 Operationszonen geteilt.

Eine 100 000 Mann zählende reguläre Armee und speziell geschaffene Gendarmerieabteilungen wurden gegen die Partisanen eingesetzt. Der Kampf war erbarmungslos, grausam und blutig. In den Kämpfen fielen 9415 Partisanen und Partisaninnen und 20 070 Partisanenhelfer wurden erschossen oder von den Faschisten ohne Urteil bei lebendigem Leibe verbrannt. Zehntausende Kämpfer wurden in die Gefängnisse und Konzentrationslager geworfen. In den Polizeirevieren wurden über 200 000 Kämpfer gefangengehalten, 2 139 Häuser der Antifaschisten wurden in Brand gesteckt.

Doch der Terror konnte den Kampf nicht ersticken, im Gegenteil, er fachte ihn an. Im Jahre 1944 wurden die Partisanenabteilungen zu Brigaden. Die Partisanen nahmen Polizeireviere und Dörfer ein, sie führten blutige Kämpfe mit der faschistischen Armee und der Gendarmerie. Die Regierung brauchte ihre Streitkräfte im Lande, und sie war nicht in der Lage, auch nur einen einzigen Soldaten an die Ostfront zu schicken.

BULGARIEN AUF DEM WEG DES SOZIALISMUS

Im August 1944 trat in Bulgarien eine revolutionäre Situation ein. Die monarchofaschistische Oberschicht bemühte sich mit letzten Kräften, durch Regierungswechsel und Amnestieversprechungen das Volk zu betrügen, die Vaterländische Front zu isolieren und die unaufhaltsam zerfallende Staatsordnung zu retten.

Ende August ging die Vaterländische Front auf Anweisung Georgi Dimitroffs zur unmittelbaren Vorbereitung eines Volksaufstands zum Sturz der faschistischen Regierung über.

Am 5. September 1944 erklärte die sowjetische Regierung dem faschistischen Bulgarien den Krieg. An diesem Tag richtete sich die Kommunistische Partei mit folgender Losung an das Volk: »Die ganze Macht in die Hände der Vaterländischen Front!« Die Arbeiter in Pernik, Sofia und anderen Städten streikten und gingen auf die Straße. Die Regierung befahl auf die Manifestierenden zu schießen. Die zahlreichen Streiks gingen in einen politischen Generalstreik über, der das Leben in der Hauptstadt und in anderen großen Industriestädten lahmlegte. Die Partisanengruppen und Brigaden besetzten die Dörfer und errichteten die Macht der Vaterländischen Front in ganzen Gebieten. In vielen Städten erstürmten die Volksmassen die Gefängnisse und befreiten die politischen Gefangenen.

Am 8. September betraten sowjetische Truppen bulgarischen Boden und das Volk begrüßte sie als ihre Befreier mit Brot und Salz.

Zum entscheidenden Schlag wurde in der Nacht vom 8. zum 9. September in Sofia ausgeholt. Das aufständische Volk und die Partisanenabteilungen besetzten mit den zum Volk übergegangenen Militärabteilungen die Hauptstadt und verhafteten die Regenten und die Regierung. Es wurde eine Regierung der Vaterländischen Front gebildet. Schon am gleichen Tag befand sich die Macht in den Händen der Vaterländischen Front. Die faschistischen Machthaber und Henker wurden verhaftet. Die sich auf bulgarischem Boden befindlichen Hitlertruppen wurden entwaffnet. Eine Volksmiliz wurde geschaffen.
Zum erstenmal in der Geschichte Bulgariens ging die Macht in die Hände des Volkes über, das der alleinige Herr seines Geschickes wurde.

Die erste, wichtigste und vordringlichste Aufgabe der Regierung und des Volkes war, an der Vernichtung Hitlerdeutschlands mitzuhelfen und Voraussetzungen für eine friedliche Entwicklung des Landes zu schaffen.

Die Regierung der Vaterländischen Front erklärte Hitlerdeutschland den Krieg. Die neue bulgarische Armee zählte 450 000 Mann. Nachdem sie die in Bulgarien eingedrungenen deutschen Truppen zurückgeschlagen hatte, ging sie zum Angriff gegen die Hitlerarmee auf jugoslawischem Territorium vor. In siegreichen Kämpfen schnitt sie den Hitlertruppen den Rückzug durch die Täler des Wardar und der Morova ab und sicherte die Südflanke der Sowjetarmee.

Im Dezember 1944 bezog die 130 000 Mann starke Erste bulgarische Armee Stellungen an der Save und Donau in Jugoslawien. Anfang 1945 ging die Armee zum entscheidenden Angriff über, führte harte, blutige Kämpfe gegen die Hitlertruppen an der Drau und am Plattensee und erreichte Anfang Mai bei Klagenfurt die Alpen, wo sie mit der britischen Armee, die vom Westen vorrückte, Verbindung aufnahm.

In dem Krieg zur Vernichtung Hitlerdeutschlands hatte Bulgarien 32 000 Tote an der Front zu beklagen. Es wurde als mitkämpfendes Land anerkannt. Das trug außerordentlich zur Festigung der internationalen Lage Bulgariens und zum Abschluß eines für das bulgarische Volk würdigen Friedensvertrages bei, der 1947 in Paris unterzeichnet wurde.

Unmittelbar nach dem Sieg der Volksrevolution am 9. September 1944 ging die Regierung der Vaterländischen Front dazu über, zahlreiche politische und sozialökonomische Maßnahmen zur Organisierung und Festigung der volksdemokratischen Macht durchzuführen.

Der zentrale und örtliche Staatsapparat wurde von faschistischen Elementen gesäubert und im Hinblick auf die Aufgaben der neuen volksdemokratischen Ordnung umgestaltet. Die 1944 geschaffene Volksmiliz war ein sicherer Beschützer der Freiheiten des Volkes, des Besitzes und der öffentlichen Ordnung im Lande. Die revolutionär umgestaltete und im Vaterländischen Krieg gegen Hitlerdeutschland gestählte bulgarische Armee wurde ein treuer Wächter der heimatlichen Grenzen.

Es wurde ein Volksgericht geschaffen, das alle, die an der Teilnahme Bulgariens am Zweiten Weltkrieg auf seiten Hitlerdeutschlands und an den Greueltaten, die gegen die bulgarischen, jugoslawischen und griechischen Antifaschisten verübt wurden, Schuld hatten, streng bestrafte.

Alle faschistischen Organisationen wurden aufgelöst und verboten. Alle faschistischen und volksfeindlichen Gesetze wurden abgeschafft. Die neue Macht stellte die politischen Rechte und Freiheiten des Volkes, die Organisations- und Versammlungsfreiheit, wieder her und garantierte sie. Die Teilnahme des Volkes am politischen und kulturellen Leben und an der Regierung des Landes wurde gewährleistet.

Bei der im September 1946 durchgeführten Volksbefragung stimmte die gewaltige Mehrheit des Volkes (92,7 %) für die Abschaffung der Monarchie. Bulgarien wurde eine Volksrepublik.

Im Oktober 1946 fanden die Wahlen für die Große Volksversammlung statt. Die Kommunistische Partei gewann über die Hälfte der Sitze. Insgesamt waren drei Viertel der Abgeordneten Mitglieder der Vaterländischen Front.

An der Spitze der neuen Regierung der Vaterländischen Front stand der allgemein anerkannte Führer des bulgarischen Volkes Georgi Dimitroff. Die Regierung führte grundlegende politische und wirtschaftliche Maßnahmen durch, die das Land endgültig auf den Weg des Sozialismus lenkten. In den Betrieben wurde die Kontrolle durch die Arbeiter eingeführt. Die Gewinne der Kapitalisten wurden beschränkt und für die Industriewaren Einheitspreise festgesetzt. Die progressiv gestaffelte Einkommensteuer wurde eingeführt. Der Handel mit Spirituosen und Tabak wurde Staatsmonopol. Der Privathandel wurde unter staatliche Kontrolle gestellt. Das Versicherungswesen wurde verstaatlicht.

Eine Agrarreform beschränkte den privaten Bodenbesitz und der Boden wurde den Tausenden landlosen und landarmen Bauernfamilien zur Verfügung gestellt. Mit Hilfe des Staates wurden die ersten landwirtschaftlichen Produktionsgenossenschaften in den Dörfern gegründet.

Am 5. Dezember 1947 nahm die Große Volksversammlung die neue Verfassung der Volksrepublik Bulgarien an, in der die Errungenschaften des bulgarischen Volkes verankert und die Entwicklung des Landes auf dem Wege des Sozialismus gewährleistet wurden.

Im Dezember 1947 wurden die Industrie, die Banken, die Bergwerke und der private Großbesitz in den Städten nationalisiert, und im darauffolgenden Jahr wurde das landwirtschaftliche Großinventar aufgekauft. Damit wurde der kapitalistischen Klasse ihre wirtschaftliche Basis entzogen und es wurden reale Grundlagen für eine planmäßige, beschleunigte sozialistische Entwicklung des Landes geschaffen. Der Zweijahresplan (1947—1948) für die Wiederherstellung der Volkswirtschaft wurde erfüllt. Die Volkswirtschaft erreichte und übertraf das Vorkriegsniveau.

Bulgarien ging zum Aufbau der Grundlagen des Sozialismus über. Auf dem V. Parteitag der Bulgarischen Kommunistischen Partei (1948) stellte Georgi Dimitroff die Aufgabe, in fünfzehn bis zwanzig Jahren das zu erreichen, was andere Länder in einem Jahrhundert erreicht haben.

In der Zeit von 1949 bis 1970 wurden fünf Fünfjahrpläne erfüllt. Jetzt erfüllt das bulgarische Volk erfolgreich den sechsten Fünfjahrplan. In Bulgarien wurde eine moderne Großindustrie geschaffen, in der Landwirtschaft gibt es nur mehr Großbetriebe. Der sozialistische Sektor dominiert in der gesamten Volkswirtschaft. Auf den sozialistischen Sektor entfallen 99,7 % der Industrieproduktion, 99,8 % der landwirtschaftlichen Produktion, 99,9 % des Kleinhandelsumsatzes. 99,7 % des Nationaleinkommens des Landes wird vom sozialistischen Sektor geschaffen.

Durch die wirtschaftliche Umgestaltung hat sich auch die Klassenstruktur der Gesellschaft grundlegend gewandelt — sie besteht jetzt aus zwei befreundeten Klassen — der Arbeiterklasse und der Klasse der Genossenschaftsbauern, mit denen die Volksintelligenz untrennbar verbunden ist.

Eine Kulturrevolution wurde durchgeführt. Wissen und Kultur sind heute dem Volk zugänglich, sie sind sein Rüstzeug im Kampf um mehr Glück und Wohlstand.

Der Sozialismus als Gesellschaftsordnung hat in Bulgarien endgültig gesiegt.

ABBILDUNGEN 67—114

67 Das alte Inselstädtchen Nessebar
Foto: Dimo Dimov

68—69 Zwei antike Kirchen von den über 40 Kirchen der alten Stadt Nessebar *Fotos: Dimo Dimov*

70 Guanozeichnungen der Höhlenmenschen in der Magura-Höhle *Foto: Boris Juskesseliev*

71 Der Goldschatz von Panagjurischte
Foto: Julian Tomanov

72 Schätze aus dem Dorf Vălči Iran, Bezirk Pleven, gefunden am 28. Dezember 1924 in einem Weinberg *Foto: Julian Tomanov*

73 Knieschutz aus dem Mogilan-Hügelgrab in Vraca, 4. Jahrhundert v. u. Z. *Foto: Julian Tomanov*

74 Der Rosselenker der Quadriga, Ausschnitt aus der Kuppelmalerei im Grabmal von Kasanlak
Foto: Julian Tomanov

75 Die berühmte Grabstele des Anaxander, 6. Jahrhundert v. u. Z. Archäologisches Museum, Sofia
Foto: Nikolaj Popov

76 Votivplatte mit einer Darstellung des Thrakischen Reiters, 2.—3. Jahrhundert *Foto: Julian Tomanov*

77 Der heilige Theocloros, Keramik-Ikone aus dem 9. Jahrhundert *Foto: Julian Tomanov*

78 Der Reiter von Madara, das größte Felsrelief in Europa aus dem 9. Jahrhundert
Foto: Dimitar Angelov

79 Protobulgarisches Tiefrelief eines Löwen
Foto: Dimitar Angelov

80 Säule aus der Thronstadt Preslav
Foto: Nikolaj Popov

81 Säule mit Inschriften des Zaren Ivan-Assen II., 1230 *Foto: Nikola Boshinov*

82 Kapitell aus Veliko Tarnovo, der Hauptstadt des Zweiten bulgarischen Reiches
Foto: Toros Horissjan

83 Muttergottes aus einer Deësis, Fresko in der Grabkapelle am Bačkovokloster, 11. Jahrhundert
Foto: Julian Tomanov

84 Zar Boris I., Miniatur aus einem belehrenden Evangeliar, 11. Jahrhundert
Foto: Julian Tomanov

85 Tonschale mit Darstellung eines Vogels, 13.—14. Jahrhundert *Foto: Julian Tomanov*

86 Tonteller mit der Darstellung eines Vogels, 13.—14. Jahrhundert *Foto: Julian Tomanov*

87 Tonteller mit der Darstellung eines Fabeltieres, 13. bis 14. Jahrhundert *Foto: Julian Tomanov*

88 Stierkopfgefäß aus dem protobulgarischen Goldschatz von Nagy Szent-Miklos, 2. Hälfte des 9. Jahrhunderts *Foto: Julian Tomanov*

89 Becher des Župans Sivin aus Preslav, Ende des 9. Jahrhunderts *Foto: Julian Tomanov*

90 Die Baba-Vida-Festung in der Stadt Vidin an der Donau *Foto: Nikolaj Schterev*

91 Die mittelalterliche Assen-Festung bei der Stadt Assenoygrad *Foto: Nikolaj Schterev*

92 Gefängnisturm Veliko Tarnovo des lateinischen Kaisers Balduin nach seiner Niederlage im Kampf mit den Bulgaren *Foto: Toros Horissjan*

93 Grigor Spiridonov: »Ivajlo-Bauernaufstand«
Foto: Julian Tomanov

94 Das Rila-Kloster, Hort des bulgarischen Volksgeistes während des Jahrhunderte der Türkenherrschaft *Foto: Nikolaj Popov*

95 Die Ikonostase des Rila-Klosters, Mitte des 19. Jahrhunderts *Foto: Julian Tomanov*

96 Sebastokratorin Desislava, Detail der Wandmalereien in Bojana, 1259 *Foto: Julian Tomanov*

97 Sebastokrator Kalojan, Detail der Wandmalereien in Bojana, 1259 *Foto: Julian Tomanov*

98 Kaiser Johannes Tzimiskes vor Preslav und Kaiser Basileios II. vor Pliska, Miniaturen aus der Monasses-Chronik, um 1345 *Foto: Julian Tomanov*

99 Zar Ivan Alexandăr mit seiner Familie, Miniatur aus dem Tetraevangelium des Zaren Ivan Alexandăr, 1356 *Foto: Julian Tomanov*

100 Muttergottes Kataphygi und Johannes der Evangelist, doppelseitige Ikone, um 1395
Foto: Julian Tomanov

101 Der heilige Demetrios, Ikone, 17. Jahrhundert
Foto: Julian Tomanov

102 Paissij Hilendarski, der Verfasser der ersten bulgarischen Geschichte *Archivaufnahme*

103 G. S. Rakovski, bedeutender bulgarischer Freiheitskämpfer, Publizist und Dichter (1821—1867)
Archivaufnahme

104 Christo Botev, bedeutender bulgarischer Dichter und Freiheitskämpfer (1848—1876)
Archivaufnahme

105 Vassil Levski, namhafter bulgarischer Freiheitskämpfer (1837—1873) *Archivaufnahme*

106 A. Popov: Bulgarische Freiwillige verteidigen den Schipka-Paß *Foto: Georgi Indshev*

107 Das Denkmal am Schipka-Paß
Foto: Julian Tomanov

108 Najden Petkov: Soldatenaufstand bei Vladaja
Foto: Georgi Indshev

109 Ivan Kirkov: »Pieta 23« (Septemberaufstand 1923) *Foto: Georgi Indshev*

110 Begrüßung der Partisanen am 9. September 1944
Archivaufnahme

111 Einzug der sowjetischen Befreierarmee, September 1944 *Archivaufnahme*

112 Georgi Dimitrov, Ministerpräsident Bulgariens
Archivaufnahme

113 Georgi Dimitrov während seiner Rede anläßlich der Unterzeichnung des Vertrages für Freundschaft, Zusammenarbeit und gegenseitigen Beistand mit der Sowjetunion *Archivaufnahme*

114 Der Erste Sekretär des Zentralkomitees der Bulgarischen Kommunistischen Partei und Vorsitzender des Staatsrates, Todor Shivkov, auf dem X. Kongreß der BKP *Foto: Toros Horissjan*

67

68

69

71

72

73

75 76

78

79

80

81

82

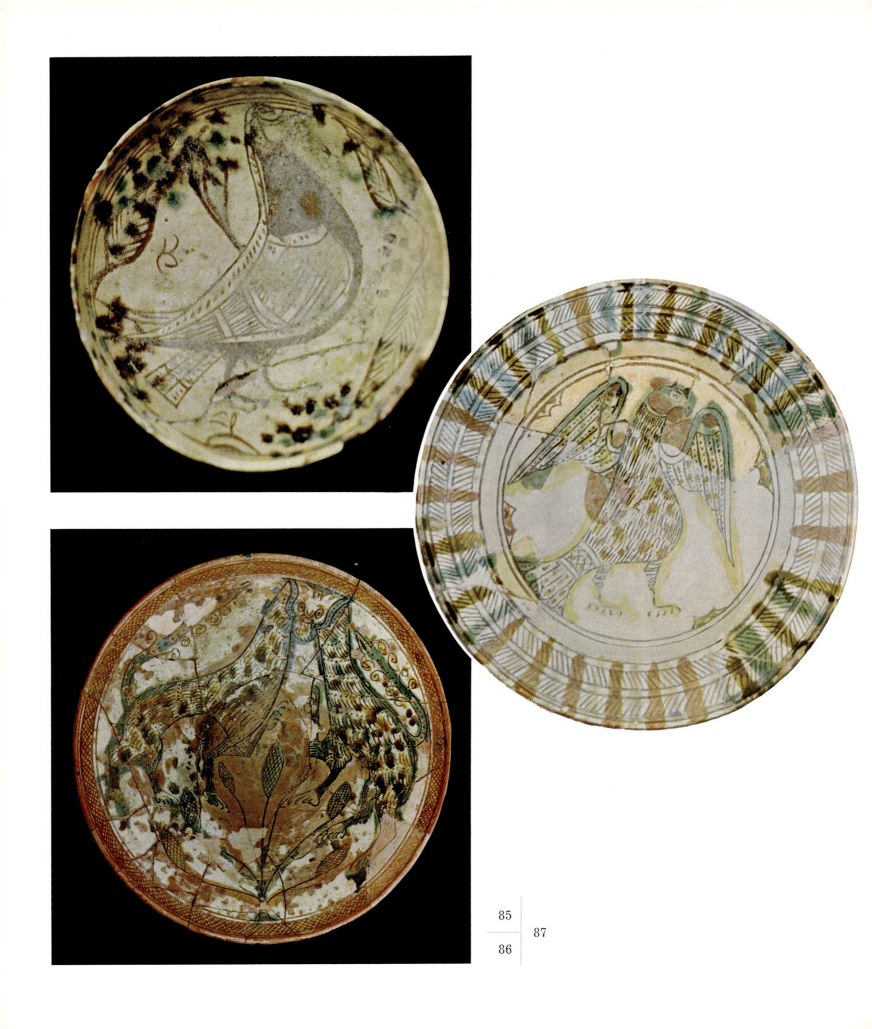

85
86
87

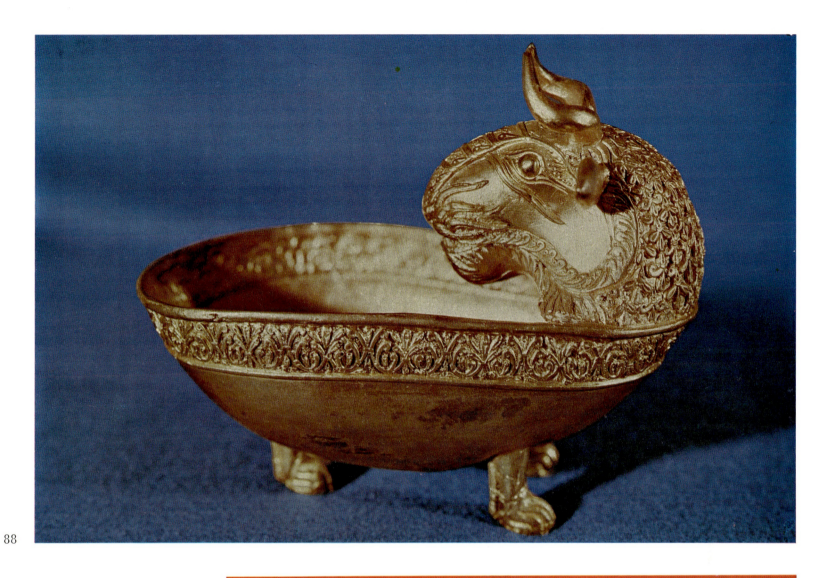
88

89

90

91

92

93

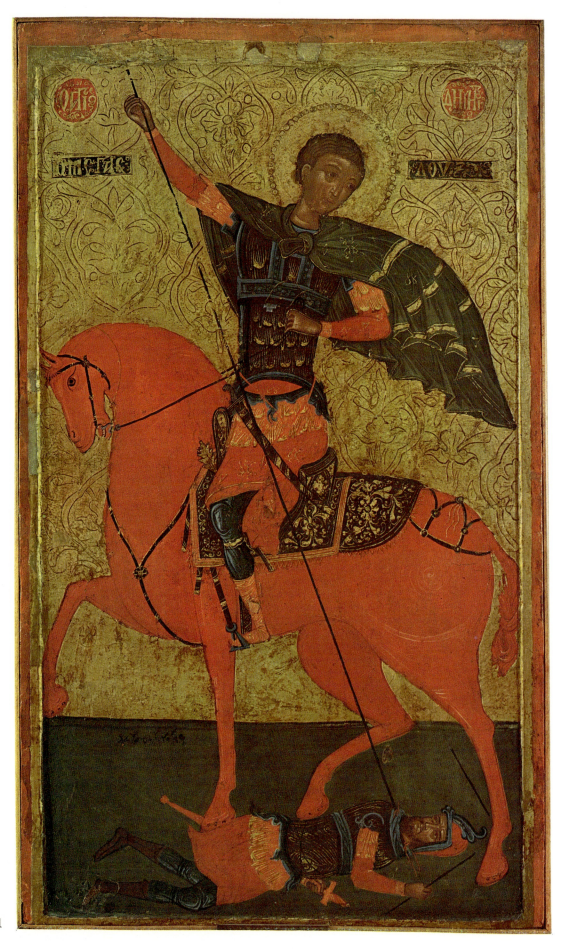

102

103

104

105

106

107

108

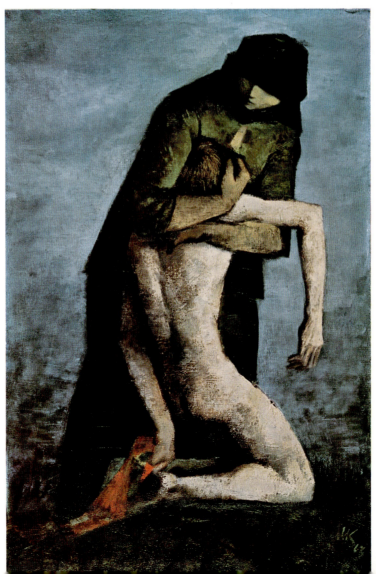
109

110

111

112

113

WIRTSCHAFTSPANORAMA BULGARIENS

Bis zum Zweiten Weltkrieg war Bulgarien ein typisches armes Agrarland mit rückständiger, zerstückelter Landwirtschaft und sehr schwach entwickelter Industrie. So war es auch zu Ende des Krieges.
Hinsichtlich der Entwicklung der Produktivkräfte und der Pro-Kopf-Produktion der Bevölkerung nahm Bulgarien einen der letzten Plätze in Europa ein. Das Verhältnis zwischen dem Volumen der Industrieproduktion und dem der landwirtschaftlichen Produktion war im Jahre 1933 21,9 : 78,1 zugunsten der Landwirtschaft. Im Jahre 1939 arbeiteten von 3,5 Millionen in der materiellen Produktion Beschäftigten nur 104 388 Personen aktiv in der Industrie, davon 91 185 Arbeiter. Die Industrie erzeugte kaum 15 Prozent des Nationaleinkommens.
Im kapitalistischen Bulgarien war die Industrie hauptsächlich durch die Leichtindustrie charakterisiert, die aus kleinen Unternehmen mit veralteter und verbrauchter Technik bestand. Die Produktion der wichtigsten Zweige der Schwerindustrie war äußerst gering. Pro Kopf der Bevölkerung entfielen im Jahre 1939 42 kWh Elektroenergie, 352 kg Kohle und 36 kg Zement. Trotz der Lagerstätten von Buntmetall- und Eisenerzen wurden Bulgariens Bodenschätze nicht abgebaut.
Die große Beteiligung des ausländischen Kapitals drückte der industriellen Entwicklung des Landes ihren unheilvollen Stempel auf. In den großen Betrieben der wichtigsten Zweige — Bergbau, Zement-, Textil- und Zuckerindustrie — nahm das ausländische Kapital eine Vorrangstellung ein. Die ausgeführten Dividenden und Tantiemen übertrafen um ein Mehrfaches die investierten Kapitalien. Das ausländische Kapital, das dem Land die Lebenssäfte aussaugte, hemmte seine industrielle Entwicklung und verwandelte es in sein Agraranhängsel.
Trotz des Eindringens des Kapitalismus in die landwirtschaftliche Produktion und der breiten Sphäre der Pachtverhältnisse blieb der kleinbäuerliche Betrieb bis zur sozialistischen Revolution im Jahre 1944 typisch für das bulgarische Dorf. 1934 machten die Bauernwirtschaften, die bis zu 5 ha Land besaßen, 63,1 Prozent aus. Der Boden war in 12 000 000 Parzellen von durchschnittlich 0,35 ha zerstückelt. Auf einem Betrieb bis zu 10 ha entfielen 15 Parzellen, auf einen bis zu 3 ha 7 Parzellen.
Unter den Verhältnissen so kleiner bäuerlicher Warenproduzenten und bei einer solchen Zersplitterung des Bodens waren die Produktionsmittel größtenteils primitiv. Maschinen wurden im Ackerbau nur wenig und in der Viehwirtschaft gar nicht angewendet. 1944 wurde der Boden mit 694 681 Pflügen bearbeitet, von denen 149 465 aus Holz waren, und die Zahl der Traktoren betrug nicht mehr als 1500 Stück. Die Landmaschinen waren in den Betrieben der Kulaken konzentriert. Zu jener Zeit gab es 166 000 Bauernwirtschaften ohne landwirtschaftliche Geräte und Fahrzeuge. Sie waren völlig von den Kulaken abhängig, von denen sie Produktionsmittel und Zugkraft ausliehen. Die Bewässerung umfaßte kaum 36 300 ha, und die mineralischen Düngemittel waren dem größten Teil der Bauern unbekannt und unerschwinglich für sie. Die schlechte technische Ausrüstung und die primitive Bodenbearbeitung konnten keine Voraussetzungen für eine Steigerung der Produktion und der Einnahmen aus der Landwirtschaft schaffen, sie hemmten die Intensivierung und die Einführung der Landtechnik und Zootechnik in die landwirtschaftliche Erzeugung.

Da die Anbaufläche im Verhältnis zur Gesamtfläche des Landes klein und die Industrie schwach entwickelt war, hatte das bulgarische Dorf im Vergleich zu fast allen europäischen Ländern die zahlenmäßig stärkste Bevölkerung. Die offene und getarnte Arbeitslosigkeit lastete auf den Bauern, setzte die Mehrzahl der Landbevölkerung Hunger und Elend aus.

Obwohl die Volksmacht dieses unrühmliche Erbe der Bourgeoisie antrat, vermochte sie die ungeheuren Schwierigkeiten zu überwinden, verwirklichte eine nie dagewesene Entwicklung der Produktivkräfte, schuf eine moderne sozialistische Industrie und gestaltete die Landwirtschaft auf sozialistischer Grundlage um. Die Nationalisierung der privaten Industrieunternehmen und Banken beseitigte die Beteiligung der Kapitalisten an der Entwicklung der Wirtschaft des sozialistischen Staates, stellte die völlige Herrschaft der sozialistischen Formen in der Industrie her und eröffnete der Entfaltung der Produktivkräfte weite Perspektiven.

Die Grundlagen für den Aufbau der Volkswirtschaft wurden gelegt. Das Hauptaugenmerk war auf die Schaffung einer modernen Industrie gerichtet, die für die technische Rekonstruktion aller Zweige der Volkswirtschaft und die Gewährleistung einer erweiterten Reproduktion in raschem Tempo eine entscheidende Rolle spielte.

In fünfundzwanzig Jahren veränderte Bulgarien sein ökonomisches Antlitz von Grund auf, entwickelte sich aus einem rückständigen Agrarland zu einem fortgeschrittenen Industrie-Agrarland. Im Vergleich zu 1939 war die Industrieproduktion im Jahre 1973 auf das 47fache gestiegen, und die Landwirtschaft erhöhte ihre Produktion auf über das 2,6fache. Das Verhältnis zwischen der Industrie und der Landwirtschaft veränderte sich entschieden zugunsten der Industrie.

Verhältnis zwischen der industriellen und der landwirtschaftlichen Produktion (in %)

	1939	1956	1960	1970	1973
Industrie	21,9	67,2	66,0	79,6	82,0
Landwirtschaft	78,1	32,8	34,0	20,4	18,0

Auch der Anteil der Zweige an der Erzeugung des Nationaleinkommens veränderte sich.

Struktur des Nationaleinkommens nach Zweigen

Zweig	1952	1960	1970	1972
Insgesamt:	100	100	100	100
Industrie	29	47	55	51
Landwirtschaft	39	27	17	23
Forstwirtschaft	1	1	1	1
Bauwesen	7	8	9	9
Verkehrs- und Nachrichtenwesen	2	4	7	7
Handel, materielltechnische Versorgung und Aufkauf	19	11	9	6
andere Zweige	3	2	2	3

Wie zu ersehen ist, erzeugt die Industrie jetzt fast 50 Prozent des Nationaleinkommens. Es wurden Voraussetzungen für ein ständiges, rhythmisches, sicheres und rasches Wachstumstempo aller Zweige der Volkswirtschaft geschaffen.

Da die Veränderungen in den einzelnen Volkswirtschaftszweigen in höchstem Grad das Entwicklungstempo der Produktivkräfte wie auch der sozialistischen Produktionsverhältnisse widerspiegeln, werden wir kurz auf die Entwicklung der Hauptzweige der Wirtschaft in Bulgarien eingehen.

INDUSTRIE

Der Sieg der sozialistischen Revolution in Bulgarien schuf Voraussetzungen für eine beschleunigte Industrialisierung des Landes.

Im Vergleich zu 1939 erhöhte sich die Industrieproduktion im Jahre 1973 auf das 47fache. Jetzt erzeugt die sozialistische Industrie in sieben Tagen soviel, wie im ganzen Jahr 1939 hergestellt wurde. Das ist das Ergebnis des hohen Wachstumstempos der Produktion in den fast letzten drei Jahrzehnten. Das durchschnittliche Wachstumstempo der Industrieproduktion beläuft sich in der Periode 1949 bis 1972 auf 13,5 Prozent. Die Tabelle veranschaulicht die Maßstäbe und das Entwicklungstempo:

Index der Industrieproduktion in Bulgarien

Wirtschaftsgruppe	(in % im Vergleich zu 1939)				Zuwachs im Jahresdurchschnitt 1949—1970 in %
	1948	1956	1960	1972	
Industrielle Bruttoproduktion	203	674	12fache	43fache	13,5
Produktionsmittelproduktion (Gruppe A)	329	14fache	27fache	114fache	16,0
Konsumgüterproduktion (Gruppe B)	166	468	793	22fache	11,6

Wie aus der Tabelle hervorgeht, vollzieht sich die Entwicklung der Industrieproduktion auf der Grundlage der vorrangigen Erhöhung der Produktion von Produktionsmitteln. Die durchschnittliche Zuwachsrate der Produktionsmittel betrug von 1949 bis 1972 16,0 Prozent, die von Konsumgütern 11,6 Prozent. Das Entwicklungstempo der einzelnen Industriezweige veranschaulicht nachstehende Tabelle:

Index der Industrieproduktion in Bulgarien (Index bei Basis 1939 = 100)

Zweig	1939	1948	1952	1956	1960	1970	1972
Insgesamt	100	203	430	674	12fache	36fache	43fache
Erzeugung v. Elektro- u. Wärmeenergie	100	200	490	895	18fache	67fache	75fache
Brennstoffindustrie	100	184	299	588	766	37fache	60fache
Schwarzmetallurgie einschl. Erzgewinnung	100	56	333	25fache	53fache	415fache	536fache
Maschinenbau und metallverarbeitende Industrie	100	662	18fache	32fache	86fache	412fache	537fache
Chemische und Kautschukindustrie	100	220	661	15fache	36fache	212fache	257
Baustoffindustrie	100	190	535	11fache	24fache	85fache	98
Holzgewinnung und Holzverarbeitungsindustrie	100	227	317	421	653	11fache	12
Zellstoff- und Papierindustrie	100	208	325	598	932	33fache	39
Glas-, Porzellan- und Keramikindustrie	100	325	817	16fache	42fache	18fache	222
Textil- und Bekleidungsindustrie	100	188	405	646	11fache	24fache	26
Leder-, Rauchwaren- u. Schuhindustrie	100	275	765	720	12fache	30fache	36
Polygraphische Industrie	100	165	229	333	471	10fache	11
Nahrungs- und Genußmittelindustrie	100	164	330	436	653	14fache	16fache
andere Industriezweige	100	58fache	164fache	438fache	869fache	2670fache	3030fache

Das Bild würde jedoch nicht vollständig sein, wenn wir nicht zeigen, was hinter den oben angeführten Indizes steckt, wenn wir nicht ihr materielles Volumen angeben.

Im Jahre 1972 wurden in Bulgarien 22 271 Millionen kWh Elektroenergie erzeugt, 29 468 Millionen Tonnen Steinkohle gefördert, 3,9 Millionen Tonnen Zement, 1 562 000 Tonnen Gußeisen und Ferrolegierungen, 2 121 000 Tonnen Stahl, 311 200 Tonnen Stickstoffdünger und 130 000 Tonnen Phosphorsäuredünger in Reinnährstoff, 297 182 Tonnen kalzinierte Soda, 513 500 Tonnen Schwefelsäure produziert.

Im selben Jahr wurden hergestellt: 17 862 spanabhebende Werkzeugmaschinen, 4094 Traktoren, 6182 Dieselkarren, 63 015 Elektrozüge, 46 388 Verbrennungsmotoren, 779 000 Elektromotoren, 46 286 Motorpumpen, 3 703 000 Akkumulatoren, 5076 Krafttransformatoren, 102 357 Fernseher, 140 649 Rundfunkempfänger, 150 904 Kühlschränke, 56 342 elektrische Waschmaschinen, 85 210 Elektrokochherde. Im Jahre 1972 wurden produziert: 323 Millionen Meter Baumwollgewebe, 28,5 Millionen Meter Wollgewebe, 23,7 Millionen Meter Seidengewebe, 790 000 Quadratmeter Teppiche, 16,6 Millionen Paar Schuhe (ohne Hausschuhe).

Im Ergebnis der sozialistischen Industrialisierung traten wesentliche Veränderungen in der Zweigstruktur der bulgarischen Industrie ein. Maschinenbau, chemische Industrie u. a., die noch in den Kinderschuhen steckten, erfuhren eine stürmische Entwicklung. Gewährleistet wurde die weitere Entfaltung, doch in langsamerem Tempo, der Nahrungs- und Genußmittelindustrie sowie der Textilindustrie, die im Kapitalismus in der Zweigstruktur der Industrie an erster Stelle standen. Gleichzeitig wurden ganz neue Zweige geschaffen wie die Elektroindustrie, die Eisen- und Buntmetallverhüttung u. a. wichtige Industriezweige, die sowohl für den technischen Aufbau des Landes als auch für seine Beteiligung an der internationalen Arbeitsteilung von entscheidender Bedeutung sind.

Von den Strukturveränderungen zeugt nachstehende Tabelle: (in %)

Zweig	1939	1948	1956	1960	1970	1972
Gesamtproduktion der Industrie	100,0	100,0	100,0	100,0	100,0	100,0
Erzeugung von Elektro- und Wärmeenergie	1,8	1,8	2,5	2,0	2,5	2,5
Metallurgie (einschl. Erzgewinnung)		0,1	0,8	1,1	3,1	3,5
Maschinenbau u. metallverarbeitende Industrie	2,4	7,3	11,5	12,4	20,2	21,0
Chemische und Kautschukindustrie	1,9	2,1	3,2	3,7	7,5	6,8
Baustoffindustrie	1,8	1,7	2,9	3,1	3,7	3,7
Textil- und Bekleidungsindustrie	19,8	18,3	19,0	19,0	14,0	11,5
Nahrungs- und Genußmittelindustrie	51,2	41,4	33,0	33,5	25,4	25,7

Wie die Tabelle zeigt, entfielen auf die Zweige der Textil-, Bekleidungs- sowie Nahrungs- und Genußmittelindustrie im Jahre 1939 71 Prozent der Industrieproduktion, 1972 dagegen 37,2 Prozent. Umgekehrt ist die Tendenz in der Entwicklung solcher für die Volkswirtschaft wichtigen Zweige wie Maschinenbau, Metallurgie, chemische Industrie, Elektroenergieerzeugung und Baustoffindustrie. Ihr Anteil an der Industrieproduktion ist von 8,1 Prozent im Jahre 1939 auf 37,5 Prozent im Jahre 1972 gestiegen.

Gleichzeitig sichert die planmäßige Entwicklung der Wirtschaft die nötigen Proportionen zwischen der Produktion der einzelnen Zweige und Gebiete des Landes.

Die sozialistische Industrialisierung erforderte auch eine volle Umgestaltung und einen Zusammenschluß der Industrieunternehmen. Die 1944 bestehenden 4000 Betriebe mit durchschnittlich je 26 Arbeitern wurden umgruppiert und vergrößert. 1972 gab es im Lande 1942 staatliche Industriebetriebe mit durchschnittlich je 560 Arbeitern und Angestellten.

Die kleinen Werkstätten verwandelten sich auf genossenschaftlicher Grundlage in große sozialistische Betriebe. Sie haben nichts mehr gemein mit den einstigen Werkstätten, in denen die Arbeitsweise äußerst primitiv war und die Lohnarbeiter rücksichtslos ausgebeutet wurden. 1972 gab es bei uns 372 Produktionsgenossenschaften des Handwerks mit durchschnittlich je 300 Arbeitern und Angestellten.

Parallel zur raschen Entwicklung der Industrieproduktion stieg auch die Zahl der in der Industrie beschäftigten Arbeiter und Angestellten. Im Jahre 1972 waren in der Industrie insgesamt 1 210 250 Personen beschäftigt gegenüber 104 383 im Jahre 1939, d. h. über 12 mal mehr.

Der Zusammenschluß der Industriebetriebe, die Einführung einer modernen hochproduktiven Technik und Organisation der Produktion gewährleisten eine Steigerung der Arbeitsproduktivität in der Industrie in nie dagewesenem Tempo. In dem Zeitraum von 1949 bis 1972 hat sich die Arbeitsproduktivität auf das 4,9fache erhöht. In den einzelnen Zweigen stieg sie wie folgt: Elektro- und Wärmeenergieerzeugung auf das 11fache, Maschinenbau und metallverarbeitende Industrie auf das 13fache, chemische Industrie auf das 6,8fache, Textilindustrie auf das 3,7fache.

Die Industrialisierung Bulgariens war auch von wesentlichen Veränderungen in den Eigentumsforderungen der Industrie begleitet. Die Vergesellschaftung der Industrie, die mit der Nationalisierung der Betriebe im Jahre 1947 einsetzte, ist abgeschlossen. Jetzt herrscht in der Industrie einzig und allein die sozialistische Produktionsweise. Doch lassen wir Zahlen sprechen:

Industrieproduktion nach Eigentumsformen

	1939	1948	1956	1960	1970	1972
Industrielle Bruttoproduktion	100,0	100,0	100,0	100,0	100,0	100,0
Sozialistische Industrie	—	91,7	97,7	99,1	99,6	99,7
Kapitalistische und kleine private Industrie	100,0	8,3	2,3	0,9	0,4	0,3

Wie daraus zu ersehen ist, liefert der private Sektor, der hauptsächlich einige kleine Werkstätten für Dienstleistungen umfaßt, jetzt 0,3 Prozent der gesamten Industrieproduktion.

Einer der wichtigsten Gradmesser für die wirtschaftliche Entwicklung eines Landes ist die Produktion pro Kopf der Bevölkerung. Bedienen wir uns wieder der Vergleichsziffern:

Pro Kopf der Bevölkerung hat sich die Industrieproduktion im Jahre 1972 gegenüber 1939 auf das 31fache erhöht. Die Elektroenergie-Erzeugung stieg 1971 auf das 62fache, die Gewinnung von Eisenerzen auf das 72fache, von Stahl auf das 275fache, von Zement auf das 13fache, von Steinkohle auf das 10fache. Ständig erhöht sich auch die Produktion von Konsumgütern. Die Produktion von Baumwollgeweben pro Kopf der Bevölkerung stieg fast auf das 7fache, von Wollgeweben auf über das 4fache, von Konserven auf das 41fache, von Zucker auf das 8,2fache.

Die weitere Entwicklung und Vervollkommnung der sozialistischen Industrie des Landes ist der Kern der Wirtschaftspolitik des sozialistischen Bulgariens. Dabei ist das Hauptaugenmerk darauf gerichtet, erstens eine rasche Entwicklung der Elektrifizierung zu gewährleisten, um Bedingungen für den technischen Fortschritt in allen Bereichen der Volkswirtschaft zu schaffen; zweitens das weitere Wachstum des Maschinenbaus bei sich immer mehr erweiternder internationaler sozialistischer Arbeitsteilung und Spezialisierung der Produktion zu gewährleisten, da dies ein wichtiger Faktor für die ununterbrochene Erhöhung des Wirtschaftspotentials des Landes und eine Voraussetzung für die weitere Rekonstruktion, Mechanisierung und Automatisierung der Produktion ist; drittens die chemische Industrie, besonders die organische Chemie, rasch zu entwickeln, was die Chemisierung der Produktion sichern wird.

LANDWIRTSCHAFT

Eine der bedeutendsten Errungenschaften der sozialistischen Revolution in Bulgarien ist die sozialistische Umgestaltung der Landwirtschaft, die in verhältnismäßig kurzer Frist unter Einhaltung des Prinzips der Freiwilligkeit und mit großer Konsequenz durchgeführt wurde. Bulgarien löste als erstes Land nach der Sowjetunion grundlegend die Agrarfrage nach sozialistischen Prinzipien.

Durch die vom Kapitalismus auf dem bulgarischen Dorf hervorgerufene Lage wuchsen die Unzufriedenheit und die Proteste ständig, verschärften sich der Widerstand und der Kampf der Werktätigen gegen die Bourgeoisie und ihre Agrarpolitik. Der bulgarische Bauer — der Eigentümer wie auch der Pächter — stand der Aussichtslosigkeit der kleinen Einzelwirtschaft gegenüber und erkannte immer klarer, daß es im Kapitalismus unmöglich war, eine erweiterte Reproduktion und einen Aufschwung zu erreichen. Ihm wurde die dringende Notwendigkeit von grundlegenden sozialen Umwälzungen in der Landwirtschaft bewußt.

Am Vorabend des Zweiten Weltkrieges organisierten die Bauern in einigen Dutzend Dörfern trotz der Gegenmaßnahmen der Bourgeoisie Genossenschaften. Viele von ihnen hatten Erfolge zu verzeichnen, wurden aber von der Regierung aufgelöst, während andere sich gezwungen sahen, selbst ihre Tätigkeit einzustellen.

Nach dem Sieg der sozialistischen Revolution im Jahre 1944 nahm die Regierung Kurs auf den freiwilligen genossenschaftlichen Zusammenschluß aller Bauern, indem sie eine Reihe von Maßnahmen durchführte, die die weitere Entwicklung der landwirtschaftlichen Produktionsgenossenschaften (LPG) förderten. Die sozialistische Umgestaltung der Landwirtschaft wurde Politik des Staates.

Parallel zum Aufbau der landwirtschaftlichen Produktionsgenossenschaften wurden auch Staatsgüter auf der Basis der bis dahin bestehenden staatlichen Versuchsbetriebe und Zuchtbetriebe und auf Ländereien des gebildeten staatlichen Bodenfonds geschaffen. Ende 1972 gab es in Bulgarien 696 LPG mit durchschnittlich 4521,8 ha Anbaufläche, 148 Staatsgüter mit durchschnittlich 4291,2 ha LN.

Die nachstehende Tabelle zeigt, wie der Prozeß der Vergenossenschaftung in Bulgarien verlief.
Entwicklung der landwirtschaftlichen Produktionsgenossenschaften

	Einheit	1948	1955	1958	1965	1972
LPG	Stück	1100	2735	3290	920	696
Vergenossenschaftlichte Bauernhöfe[1]	1000 Stück	124	591	1244	1047	823
Anbaufläche[2]	100 ha	1761	23 459	37 618	35 977	31 472
Ständig beschäftigte Genossenschaftsbauern	1000 Pers.	—	1083	1885	1233	799
Grundfonds zu Ende des Jahres	Mill. Leva	—	318	481	1155	2758

1 Die Reduzierung der Genossenschaftsbetriebe erfolgt auf Kosten der Erhöhung der Zahl der Wirtschaften der Arbeiter und Angestellten und vergenossenschafteten Handwerker.
2 Ohne den Boden für die individuelle Nutzung.

Für die technische Betreuung der landwirtschaftlichen Produktionsgenossenschaften wurden die staatlichen Maschinen-Traktoren-Stationen gegründet. 1959 gab es in Bulgarien 212 MTS. Die wirtschaftliche Festigung der LPG und der Zusammenschluß mehrerer LPG zu Großbetrieben schufen die Möglichkeit für den Aufkauf der Maschinen von den MTS. Bis Ende 1963 wurden in den Ackerbaugebieten fast alle Maschinen der MTS aufgekauft. Demzufolge verminderte sich die Zahl der MTS und 1969 gab es nur noch 66.

Bulgarien wurde ein Land der mechanisierten landwirtschaftlichen Großproduktion. Die landwirtschaftlichen Produktionsgenossenschaften sind soziale Betriebe, die sich auf die kollektive Arbeit der Genossenschaftsbauern gründen und der Ausbeutung des Menschen durch den Menschen für immer ein Ende bereitet haben.

Gemäß den Erfordernissen der objektiv wirkenden ökonomischen Gesetze ist die Produktion in den LPG planmäßig organisiert. Unabhängig davon, daß der Boden Privateigentum der Genossenschaftsbauern ist, wird er in großen Flächen gemeinsam bearbeitet, d. h. die Bodennutzung ist vergesellschaftlicht. Die einzelnen Genossenschaftsmitglieder haben laut den Statuten der LPG nicht das Recht, ihren Boden an private Bauern zu verkaufen. Der Boden kann nur an andere Genossenschaftsmitglieder oder an die LPG selbst verkauft werden. Dadurch ist das Eigentumsrecht am Boden beschränkt, und das bedeutet, daß kein kapitalistisches Monopol des privaten Grundeigentums besteht. Das Fehlen eines derartigen Monopols, das Fehlen einer kapitalistischen Organisation der Landwirtschaft, das Fehlen einer Ausbeuterklasse, die die Produktionsmittel beherrscht, und der Lohnarbeiter beseitigte die Bedingungen für die Produktion von Mehrwert und die kapitalistische absolute Grundrente. Demnach ist die Rente, die die Genossenschaftsmitglieder in den ersten Jahren auf der Basis des Privateigentums an dem in die LPG eingebrachten Boden erhielten, eine neue ökonomische Kategorie, die keine ausbeuterischen Produktionsverhältnisse ausdrückt. Die Rente in der LPG ist ein bestimmter Teil von den Einkünften der LPG aus der gemeinsamen Arbeit der Genossenschaftsbauern, der nicht nach der Arbeit, sondern nach der Menge und Güte des von den Genossenschaftsmitgliedern in die LPG eingebrachten Bodens verteilt wird.

Mit der Entwicklung und Festigung der gesellschaftlichen Wirtschaft in Form der LPG begannen die Genossenschaftsbauern, als sie sich aus eigener Erfahrung überzeugten, daß die gesellschaftliche Wirtschaft ihre Haupteinnahmequelle ist und daß die Rente diese Entwicklung hemmt, allmählich auf Beschluß der Genossenschaftsmitglieder die Vergütung für den Boden herabzusetzen, und 1961 war die Rente praktisch abgeschafft. So wurden beispielsweise im Jahre 1951 22,73 Prozent der Einkünfte in den landwirtschaftlichen Produktionsgenossenschaften als Vergütung für den Boden verteilt; 1956 waren es 9,32 Prozent und 1961 0,01 Prozent. Das sozialistische Prinzip — Vergütung gemäß der Quantität und Qualität der vom Genossenschaftsmitglied geleisteten Arbeit — wurde das Hauptprinzip der Verteilung in den LPG. Auf diesem Weg entwickelten sich die landwirtschaftlichen Produktionsgenossenschaften zu einem höheren Typ — zu sozialistischen Betrieben — und die Frage der Nationalisierung wurde praktisch von den Genossenschaftsbauern selbst gelöst.

Die Leitung und die Verwaltung der landwirtschaftlichen Produktionsgenossenschaften sind auf den Prinzipien des demokratischen Zentralismus aufgebaut, die im Musterstatut der landwirtschaftlichen Produktionsgenossenschaften verankert sind. Das höchste Organ ist die Mitgliederversammlung, die alle wichtigen Fragen des Produktions- und Finanzplanes, der Investitionen und der Intensivierung berät und entscheidet. Die unmittelbare operative Leitung liegt in Händen des LPG-Vorstands mit dem Vorsitzenden an der Spitze, der von der Mitgliederversammlung gewählt wird und ihr Rechenschaft ablegen muß. Grundlegende Produktionseinheiten in den LPG sind die Produktionsbrigaden (Komplex- oder Spezialbrigaden) und die Tierzuchtfarmen. Die Brigaden bestehen aus Arbeitsgruppen.

Gute Organisation, Arbeitsdisziplin und kameradschaftliche gegenseitige Hilfe und Vertrauen charakterisieren das Verhältnis zwischen den Genossenschaftsmitgliedern. Im Ergebnis all dessen siegten in Bulgarien auch auf dem Dorf völlig die sozialistischen Produktionsverhältnisse.

1969 umfaßte der sozialistische (der staatliche und der genossenschaftliche) Sektor 99,4 Prozent der gesamten Anbaufläche des Landes. Infolgedessen stützt sich die sozialistische Macht in Bulgarien in der Stadt und auch auf dem Lande auf eine einheitliche ökonomische Grundlage — das gesellschaftliche Eigentum an den Produktionsmitteln: dem staatlichen und dem genossenschaftlichen Eigentum.

Für die Schaffung einer modernen materiell-technischen Basis der Landwirtschaft wurden beträchtliche Mittel investiert. In der Zeit von 1949 bis 1973 wurden in die Landwirtschaft über 7,2 Milliarden Leva investiert. Das hatte zur Folge, daß die Produktionsgrundfonds rapid stiegen und von 22 132 Leva je 100 ha LN im Jahre 1972 151 000 Leva erreichten.

Ein großer Teil der Investitionen wurde für die technische Neuausrüstung der Landwirtschaft verwendet. Heute besitzt das bulgarische Dorf einen großen Maschinenpark mit Zehntausenden Traktoren, Mähdreschern, Schlepperpflügen, Drillmaschinen und anderen Landmaschinen. 1952 entfielen auf 100 ha Anbaufläche durchschnittlich 13 PS motorische Zugkraft, 1956 waren es 27 PS und 1972 159 PS.

Die Tabelle veranschaulicht den steigenden Bestand an den wichtigsten Landmaschinen (in Stück)

	31.12. 1948	25.12. 1952	31.12. 1956	31.12. 1965	1.1. 1970	1973
Traktoren (umgerechnet auf 15 PS)	5 231[1]	12 295	14 283	66 423	90 136	110 165
Mähdrescher insgesamt	—	1 363	4 118	12 093	16 604	19 475
Dreschmaschinen	5 094	5 855	4 943	2 951	738	184
Schlepperpflüge	4 839	10 128	15 260	39 193	46 116	45 981
Schlepperdrillmaschinen	953	4 517	10 927	22 295	23 222	18 776

1 Effektive Stückzahl.

Im Ergebnis dieser Entwicklung nahm der Zugkraftbestand in der Landwirtschaft rasch zu, vor allem der Besatz an motorischer Zugkraft. Der Anteil an tierischer Zugkraft am gesamten Zugkraftbestand sank von 56 Prozent im Jahre 1952 auf 3,1 Prozent im Jahre 1972, während der Anteil der motorischen Zugkraft entsprechend von 44,3 Prozent auf 96,9 Prozent stieg.

Die Konzentrierung und rationelle Nutzung dieser gewaltigen Technik in der Landwirtschaft ermöglichten die Mechanisierung der wichtigsten Produktionsprozesse und die weitgehende Einführung der Komplexmechanisierung. 1972 waren die wichtigsten Feldarbeiten fast völlig mechanisiert: Pflügen 98,5 Prozent (Tiefpflügen 99,9 Prozent), Aussaat 99,4 Prozent, Erntearbeiten 99,3 Prozent, Eggen 99,8 Prozent, Grubbern 100 Prozent.

Die Mechanisierung der wichtigsten landwirtschaftlichen Arbeiten führte zu einer jähen Steigerung der Arbeitsproduktivität, was zur Folge hatte, daß annähernd 4 Millionen Menschen aus der Landwirtschaft in die anderen Zweige der Volkswirtschaft abwanderten.

Die Intensivierung der Landwirtschaft in Bulgarien ist von einer breiten Einführung chemischer Verbindungen begleitet — mineralischer Düngemittel zum Düngen von Pflanzen, chemischer Präparate zur Krankheits- und Schädlingsbekämpfung sowie zum Fördern des Wachstums und der Fruchtbarkeit der Pflanzen und Tiere, von Herbiziden zur Unkrautbekämpfung, Arzneimitteln u. a. Die Gesamtmenge der in der Landwirtschaft verwendeten Düngemittel erhöhte sich von 97 je 100 ha Anbaufläche im Jahre 1948 auf 13 578 Tonnen (in Reinnährstoff) im Jahre 1972, d. h. über 140 mal mehr als 1948.

Um den schädlichen Folgen der Dürre entgegenzuwirken und Voraussetzungen für hohe und sichere Erträge in der Landwirtschaft zu schaffen, widmete der volksdemokratische Staat dem landwirtschaftlichen Wasserbau größte Aufmerksamkeit. Zahlreiche große Talsperren, Bewässerungsanlagen, Pumpstationen, Hunderte kleine Stauseen, Brunnen und Sonden wurden gebaut. Die Bewässerungsflächen vergrößerten sich schnell. 1972 betrugen sie 10 500 000 ha gegenüber 36 300 ha im Jahre 1939.

Die Zahl der Fachleute in der bulgarischen Landwirtschaft ist um ein Mehrfaches gestiegen. Bis 1944 gab es nur 1771 Landwirtschaftsspezialisten mit Hochschulbildung, Ende 1972 waren es 17 160. Außerdem arbeiten in der landwirtschaftlichen Produktion noch 28 495 Personen mit Fachschulbildung, während sich ihre Zahl vor der Revolution auf 1000 belief. Über 100 000 Spezialisten wurden in landwirtschaftlichen Fachschulen ausgebildet, während bis 1944 insgesamt nur 12 432 Personen diese Fachschulen absolviert hatten. Fast 700 000 Genossenschaftsbauern und -bäuerinnen erhöhten ihre Qualifikation in den verschiedenen agrotechnischen und zootechnischen Schulen in Zirkeln und Lehrgängen.

Die Leitung der wissenschaftlichen Forschungsarbeit auf dem Gebiet der Landwirtschaft obliegt der Akademie der Landwirtschaftswissenschaften, die 27 wissenschaftliche Institute, 24 spezialisierte und komplexe Versuchsstationen und 2 zentrale Laboratorien mit insgesamt 1705 Wissenschaftlern vereint. Dieser große wissenschaftliche Apparat leistet vielseitige Forschungsarbeit auf den Gebieten der Genetik und Agrobiologie, der Chemisierung und Melioration.

Die in der Landwirtschaft vollzogenen sozialökonomischen Veränderungen sowie die breite Einführung der Technik, der mineralischen Düngemittel, der Bewässerung, der wissenschaftlichen Erkenntnisse und der hervorragendsten Erfahrungen in der Praxis sicherten eine erhebliche Steigerung der Durchschnittserträge in der Pflanzenzucht und der Produktivität in der Viehwirtschaft.

Im Jahre 1972 wurden zum Beispiel von je 0,1 ha 372,8 kg Weizen gegenüber 131 kg im Jahre 1939 geerntet; 430,5 kg Mais gegenüber 135,9 kg; 180,4 kg Sonnenblumensamen gegenüber 96 kg; 2997,6 kg Tomaten gegenüber 2049,3 kg; 3608,4 kg Zuckerrüben gegenüber 1766,8 kg; die Milchleistung einer Futterkuh stieg von 450 l im Jahre 1939 auf 2152 l im Jahre 1972. Auf der Grundlage der höheren Ernteerträge je Flächeneinheit und der gesteigerten Produktivität der einzelnen Tiere ist die landwirtschaftliche Bruttoproduktion erheblich gewachsen. Dieses Wachstum zeigt folgende Tabelle:

Index und Struktur der landwirtschaftlichen Bruttoproduktion (Index bei Basis 1932—1938 = 100)

	1932	1952	1957	1960	1965	1970	1972
Insgesamt	100,0	112,3	142,6	172,8	202,2	238,5	257,9
Pflanzenzucht	100,0	118,1	159,2	190,9	214,0	255,4	275,3
Tierzucht	100,0	103,4	116,9	144,8	184,8	212,6	233,0
			Struktur				
Insgesamt	100,0	100,0	100,0	100,0	100,0	100,0	100,0
Pflanzenzucht	60,7	63,8	67,8	67,0	64,3	65,2	64,8
Tierzucht	39,3	36,2	32,2	33,0	35,7	34,8	35,2

Im Ergebnis des Zusammenschlusses der LPG und der Mechanisierung der Landwirtschaft, der erhöhten Qualifikation der in der Landwirtschaft beschäftigten Produktionsarbeiter und Spezialisten sowie der Verbesserung der Organisation und des Lohnsystems wurden die Produktionskosten in der Landwirtschaft erheblich gesenkt und die Arbeitsproduktivität gesteigert.

In der Zeitspanne 1952—1972 zum Beispiel erhöhte sich die Arbeitsproduktivität auf über das 5fache, und eines in der Landwirtschaft Beschäftigten auf das 8,3fache. In derselben Zeitspanne sank die Zahl der in der Landwirtschaft Beschäftigten um 1,2 Millionen, d. h. um mehr als ein Drittel, während sich die Inanspruchnahme eines Genossenschaftsbauern um mehr als 60 Prozent erhöhte.

Die Verteilung der Einnahmen der LPG erfolgt im Interesse der systematischen Festigung und Erweiterung der materiellen Produktionsbasis der LPG und der immer besseren Befriedigung der Bedürfnisse der Genossenschaftsbauern. Zu diesem Zweck wird ein Teil der Einnahmen für die allgemeinen Bedürfnisse der Gesellschaft und die Entwicklung der genossenschaftlichen Betriebe verwendet, während der Rest unter den Genossenschaftsbauern nach dem sozialistischen Prinzip entsprechend der Qualität und Quantität der geleisteten Arbeit verteilt wird.

Für die Bedürfnisse der Gesellschaft, für die zentralisierte Akkumulation bestimmt die LPG einen Teil der erhaltenen Einkünfte in Form einer Einkommensteuer. Dieser für die Bedürfnisse der Gesellschaft ausgegebene Teil kommt jedoch praktisch wiederum auch der Landwirtschaft zugute, da der Staat alljährlich große Beträge in sie investiert.

Nachdem der an den Staat abzuführende Teil festgelegt ist, werden die übrigen Einnahmen wie folgt verteilt: etwa ein Viertel für die allgemeinen Bedürfnisse der LPG und etwa ein Viertel für die individuelle Verteilung unter ihren Mitgliedern.

Der für die allgemeinen Bedürfnisse der LPG bestimmte Teil wird zur Erweiterung der Produktion, für Versicherungsbeiträge, für soziale und kulturelle Maßnahmen u. a. ausgegeben. Rund 52 Prozent der gesellschaftlichen Fonds werden hauptsächlich zur Erweiterung der Reproduktion in den landwirtschaftlichen Produktionsgenossenschaften verwendet.

Damit die richtige Anwendung des sozialistischen Prinzips der Entlohnung gewährleistet wird, werden die Normung und Tarifierung der Arbeit ständig verbessert und verschiedene Formen der Arbeitsvergütung angewendet zu dem Zweck, die Menge und Qualität der aufgewendeten Arbeit genauer zu ermitteln und auf diese Weise die materielle Interessiertheit der Genossenschaftsbauern zu erhöhen. Überdies werden am Jahresende zusätzliche Zahlungen je nach den erzielten Ergebnissen geleistet.

Infolge des Anwachsens der Einnahmen in den LPG bei stetig steigender Arbeitsproduktivität erhöht sich ständig der reale Umfang der Einkünfte der Genossenschaftsbauern. 1956 belief das Einkommen eines beschäftigten Genossenschaftsbauern durchschnittlich auf 284 Leva, 1960 auf 469 Leva, 1969 auf 888 Leva und erreichte 1972 1213 Leva. Das bedeutet eine Erhöhung auf das 4fache im Vergleich zu 1956.

Eine große Errungenschaft des bulgarischen Dorfes ist der garantierte Vorschuß auf die Arbeitsentlohnung, das garantierte Minimum der Arbeitsentlohnung der Genossenschaftsmitglieder und der garantierte monatliche Vorschuß auf die Arbeitsentlohnung. Damit wurden einige Unterschiede zwischen der Arbeitsentlohnung in den LPG und der in den staatlichen Betrieben beseitigt und eine Stabilität der Arbeitskräfte im Dorf erreicht.

Der erreichte Stand der Entwicklung der Produktivkräfte und die Produktionsverhältnisse in der Landwirtschaft wie überhaupt die jetzige Etappe der sozialökonomischen Entwicklung des Landes bedingten die weitere Konzentration und Spezialisierung der Produktion in der Landwirtschaft.

Diese Notwendigkeit wird durch mehrere Ursachen hervorgerufen. Vor allem bietet die Konzentration die Möglichkeit, den Prozeß der Einführung der industriellen Technologie in die Produktion und die industriellen Methoden in die Verwaltung einzuführen. Gleichzeitig damit wird sie auch durch die Notwendigkeit diktiert, die Spezialisierung der landwirtschaftlichen Betriebe zu vertiefen.

Eine andere außerordentlich wichtige Ursache der Verwirklichung der weiteren Konzentration in der Landwirtschaft ist die herangereifte objektive Notwendigkeit, Voraussetzungen für die organische Verbindung der landwirtschaftlichen Großproduktion mit der Großindustrie zu schaffen.

Und letzten Endes eröffnet die gesamte Überführung der Landwirtschaft auf industrieller Grundlage den Weg zur allmählichen Verwandlung der landwirtschaftlichen Produktion in eine Abart der industriellen Produktion und die Landarbeit in eine Abart der industriellen Arbeit, was außerordentlich wichtige soziale Folgen haben wird.

Die geeignetste Form der Konzentration in der Landwirtschaft und besonders in der Tierzucht erwies sich in der gegenwärtigen Etappe der Agrar-Industriekomplex, d.h. der Zusammenschluß mehrerer landwirtschaftlicher Betriebe auf dem Zweigprinzip. Ende 1972 funktionierten in Bulgarien 170 Agrar-Industriekomplexe mit durchschnittlich 23 300 ha Anbaufläche und 6492 beschäftigten Personen.

Beim Aufbau und der Entwicklung der Agrar-Industriekomplexe wird auch den sozialökonomischen Problemen der Konzentration und Industrialisierung der landwirtschaftlichen Produktion spezielle Aufmerksamkeit gewidmet. Und das ist vollkommen natürlich, da sich der Aufbau der Agrar-Industriekomplexe auf die Entwicklung nicht nur der Produktivkräfte auswirkt, sondern auch auf alle Lebensgebiete im bulgarischen Dorf als ganzen sozialen Organismus.

TRANSPORT

Wie die gesamte Wirtschaft war auch das Verkehrs- und Nachrichtenwesen in Bulgarien bis zur sozialistischen Revolution im Jahre 1944 in seiner Entwicklung stark zurückgeblieben.

Die erfolgreiche Entfaltung der Volkswirtschaft erforderte dringend die Schaffung moderner Transport- und Nachrichtenverbindungen. Der gesamte Transport wurde in den Händen des Staates konzentriert. Es begann eine systematische und planmäßige Rekonstruktion und Entwicklung des Verkehrs- und Nachrichtenwesens. Die Grundfonds im Verkehrswesen erhöhten sich auf das 3fache, und die Zahl der beschäftigten Arbeiter und Angestellten stieg von 41 000 im Jahre 1948 auf 191 123 Personen im Jahre 1972. Parallel dazu traten auch tiefgreifende qualitative Veränderungen in den technisch-ökonomischen Kennziffern des Transport- und Nachrichtenwesens ein.

Der Eisenbahntransport erfuhr eine beachtliche Entwicklung. Es wurden 1469 km neue Strecken gebaut. Das Eisenbahnnetz erweiterte sich von 4426 km im Jahre 1939 auf 6127 km im Jahre 1972. Die Strecken Sofia—Plovdiv und Russe—Gorna Orjachoviza (insgesamt 1016 km) sind bereits elektrifiziert. Die Strecken Sofia—Mesdra und Sindel—Varna wurden zweigleisig ausgebaut.

Der Wagenpark, der sich gegenüber 1939 auf fast das 3fache erhöht hat, ist durch neue, modernere Personen- und Güterwagen ergänzt worden. Die alten Dampflokomotiven werden fast gänzlich durch neue Elektro- und Diesellokomotiven ersetzt. Jetzt entfallen fast 73 Prozent der durchgeführten Beförderungen im Eisenbahntransport auf die neuen Zugkräfte.

Alles das ermöglichte dem Eisenbahntransport, den wachsenden Bedürfnissen des Landes erfolgreich nachzukommen. 1972 wurden gegenüber 1939 über 11mal mehr Güter und über 8mal mehr Personen befördert.

Die Schaffung eines staatlichen, sozialistischen *Kraftverkehrs* wurde 1947 in Angriff genommen. Damals gab es im ganzen Land 1022 km Autostrecken, und im Kraftwagentransport waren insgesamt 665 Arbeiter und Angestellte beschäftigt. In den seitdem vergangenen 27 Jahren ist der Kraftverkehr auf fast das 41fache angestiegen. 1972 waren im Autotransport 103 903 Arbeiter und Angestellte beschäftigt. Jetzt verbindet der Autotransport 4915 Ortschaften und 116 Städte haben einen innerstädtischen Kraftverkehr. Insgesamt werden im Lande täglich durchschnittlich über 1,25 Millionen Personen und über anderthalb Millionen Tonnen Güter befördert.

Parallel zum Anwachsen des Kraftverkehrs und im Hinblick auf seine Verbesserung wird auch das Straßennetz ausgebaut und befestigt. Alle Landstraßen (insgesamt 30 784 km) haben eine dauerhafte Decke.

In raschem Tempo entwickelt sich auch der *Seeverkehr*. In den letzten zwanzig Jahren reihte sich Bulgarien unter die Seestaaten ein. 1972 verfügte es über 132 Wasserfahrzeuge, davon 110 Frachter mit 875 380 Tonnen Tragfähigkeit und 22 Fahrgastschiffe für 3292 Personen. Die Schwarzmeerhäfen, die umgebaut und modernisiert worden sind, werden auch von Hochseeschiffen angelaufen.

Auf dem Seeweg wird ein großer Teil des Warenumsatzes mit den anderen Ländern abgewickelt. Allein 1972 wurden 15 898 000 Tonnen Güter gegenüber 173 000 Tonnen im Jahre 1948 befördert, und die Fahrgastschiffe befördern jährlich durchschnittlich etwa 660 680 Passagiere gegenüber 29 000 im Jahre 1939.

In diesen Jahren entwickelte sich auch die *Flußschiffahrt*. Sie verfügt über einen beachtlichen Park von neuen, modernen Wasserfahrzeugen mit höherer technischer Geschwindigkeit. Jetzt werden annähernd 4 Millionen Tonnen Güter und an die 300 000 Passagiere befördert.

Der bulgarische *Luftverkehr* wurde von der volksdemokratischen Macht geschaffen. Der Anfang wurde 1948 gemacht, als mit Hilfe der Sowjetunion die nötigen neuen modernen Flugzeuge angeschafft und die ersten Inlands- und Auslandslinien organisiert wurden. Jetzt unterhält der bulgarische Luftverkehr regelmäßige Linien, die Sofia mit Moskau, Berlin, Warschau, Stockholm, Bukarest, Budapest, Prag, Wien, Paris, London, Kopenhagen, Zürich, Frankfurt am Main, Athen, Istanbul, Damaskus, Nigeria, Beirut, Tunis, Casablanca, Charthum u.a. verbinden. Auf den vom bulgarischen Luftverkehr unterhaltenen Linien wurden 1972 1 275 000 Reisende gegenüber 40 000 im Jahre 1952 befördert, davon 603 000 auf den Auslandslinien und 672 000 auf den Inlandslinien.

DAS NATIONALEINKOMMEN UND SEINE VERTEILUNG

Das Nationaleinkommen ist einer der wichtigsten Gradmesser für den ökonomischen Zustand eines Landes. Es ist eine Quelle für die Befriedigung der individuellen und kollektiven Bedürfnisse der Gesellschaft und für die weitere Erhöhung und Entwicklung der materiellen Produktion.

Dank der Industrialisierung des Landes und der sozialistischen Umgestaltung der Landwirtschaft sowie auch des Aufschwungs der übrigen Zweige der materiellen Produktion wuchs und wächst Bulgariens Nationaleinkommen in schnellem, konstantem Tempo. Im Vergleich zu 1939 ist das Nationaleinkommen in den Jahren des sozialistischen Aufbaus auf über das 7fache (1973) gestiegen.

Die Industrialisierung des Landes und die in der Struktur der materiellen Produktion eingetretenen Veränderungen veränderten auch die Quellen des Nationaleinkommens. 1939 stammten 65 Prozent des im Lande erzeugten Nationaleinkommens aus der Landwirtschaft, 1972 war der Anteil der Landwirtschaft auf 23 Prozent zurückgegangen. Umgekehrt ist die Tendenz in der Industrie. Während der Anteil der Industrie an der Entstehung des Nationaleinkommens kaum 15 Prozent betrug (1939), belief er sich 1972 bereits auf 51 Prozent. Selbstverständlich bedeutet das nicht, daß die Landwirtschaft zurückgeblieben ist. Im Gegenteil, die Produktion der sozialistischen Landwirtschaft ist 2,6mal größer als in der Vorkriegszeit. Es ist klar, daß es sich um etwas anderes handelt, und zwar darum, daß sich unser Land in einen Industrie-Agrarstaat verwandelt hat, in dem die Bedeutung der industriellen Produktion für das Wachstum des Nationaleinkommens weit schneller steigt als die der Landwirtschaft. Und diese Tendenz wird beibehalten werden. Denn auch in Zukunft wird der Entwicklung der Industrie der Vorrang gegeben, da sie Voraussetzungen für ein stabiles und rhythmisches Anwachsen der Wirtschaft und des Nationaleinkommens schafft und bei ihr nicht die der Landwirtschaft eigenen Schwankungen infolge der systematisch wirkenden Naturerscheinungen auftreten.

Es ist bekannt, daß das Nationaleinkommen sehr von der systematischen Erhöhung der Arbeitsproduktivität, von der Erweiterung der Produktionskapazitäten und Erhöhung der Zahl der in der materiellen Produktion beschäftigten Personen abhängt. Die Analyse dieser Faktoren zeigt, daß auf das rasche Anwachsen des Nationaleinkommens am stärksten die Erhöhung der gesellschaftlichen Arbeitsproduktivität einwirkt. So sind zum Beispiel 80 Prozent des Wachstums des Nationaleinkommens in den letzten Jahren auf die höhere Produktivität zurückzuführen. Das bedeutet, daß das Nationaleinkommen in Bulgarien dank der intensiven Faktoren sowohl in der Industrie als auch in den übrigen Zweigen der materiellen Produktion steigt. Sie können ein ständiges Anwachsen der Produktion bei geringstem Aufwand an gesellschaftlicher Arbeit gewährleisten.

Werden das ökonomische Niveau des Landes und der Lebensstandard des Volkes vom Wachstum des Nationaleinkommens bestimmt, so sind sie unmittelbar von der Art der Verteilung und der endgültigen Verwendung des Nationaleinkommens abhängig. 1939 zum Beispiel eignete sich die bulgarische Bourgeoisie 72 Prozent des in der Industrie erzeugten Nationaleinkommens an, während auf die Arbeiterklasse, den eigentlichen Erzeuger, kaum 28 Prozent entfielen. Das erklärt die Not und das Elend des werktätigen Volkes zu jener Zeit.

Im sozialistischen Bulgarien wird das Nationaleinkommen in zwei Richtungen verwendet: für Akkumulation und für Konsumtion. Diese beiden Fonds stehen jedoch nicht im Widerspruch zueinander, sondern sind einer durch den anderen bedingt und beeinflussen sich gegenseitig. Die Mittel aus dem Akkumulationsfonds werden für die Steigerung der sozialistischen Reproduktion verwendet, während die Mittel aus dem Konsumtionsfonds zur Befriedigung der individuellen und kollektiven Bedürfnisse der Gesellschaft dienen.

Zur unmittelbaren Befriedigung der Bedürfnisse der Bevölkerung wurden durchschnittlich 74—75 Prozent vom Nationaleinkommen verbraucht, die restlichen 25—26 Prozent dienten zur weiteren Entwicklung der sozialistischen Wirtschaft. In manchen Jahren lag dieses Verhältnis, je nach den konkreten Aufgaben der wirtschaftlichen und kulturellen Entwicklung, über oder unter dem mittleren Wert. Unabhängig von diesen Schwankungen jedoch weist der Konsumtionsfonds ein ständiges absolutes und relatives Wachstum auf, wie aus nachstehender Tabelle zu ersehen ist.

Wachstum und Angaben des Konsumtionsfonds

	1952	1957	1960	1965	1970	1972
In Mill. Leva	248,1	484,2	700,2	1080,2	2131,2	2474,3
Indizes bei Basis 1952 = 100	100,0	195,2	282,2	435,6	859,0	997,3

Die Angaben in der Tabelle zeugen beredt davon, daß in der Periode der sozialistischen Macht sich systematisch die Möglichkeiten der Erhöhung des materiellen Wohlstands und der Kultur des Volkes erweitert haben. Die Erhöhung der Mittel des Konsumtionsfonds (und auch pro Kopf der Bevölkerung) gewährleistete ein ständiges Anwachsen des Realeinkommens der Bevölkerung, das 1973 gegenüber 1952 auf das 3,3fache stieg.

Der Stand des Realeinkommens der Bevölkerung wird vor allem durch die Höhe des Nominaleinkommens und durch den Einfluß der Preisveränderungen bestimmt. Darum wollen wir durch die nachstehende analythische Tabelle die Dynamik des Anwachsens des Nominaleinkommens und die Tendenz in der Veränderung der Preise und ihres gegenseitigen Einflusses auf das Realeinkommen der Bevölkerung ersichtlich machen:

Jahr	Index des Nominaleinkommens der Bevölkerung Basis 1952 = 100	Preisindex Basis 1952 = 100	Index des Realeinkommens Basis 1952 = 100
1953	101,1	93,2	112,9
1956	93,4	71,6	124,4
1957	105,8	72,2	140,7
1960	134,7	70,7	178,8
1970	230,0	77,7	300,0
1972	243,0	77,6	335,0

Die Tabelle zeigt, daß der Preisindex 1972 um 22,4 Punkte niedriger war als im Jahre 1952, während der Index des Realeinkommens im gleichen Zeitraum um 235 Punkte gestiegen ist. Das ist einerseits auf die verfolgte Politik einer Senkung der Einzelhandelspreise und Dienstleistungen und andererseits auf das Anwachsen des Nominallohnes zurückzuführen, dessen Index 1972 um 143,0 Punkte höher war als 1952. Diese Politik ist nach wie vor ein wichtiger Faktor für die Erhöhung des Realeinkommens der Bevölkerung.

Bekanntlich ist die Stabilität der Geldeinheit und ihrer Kaufkraft einer der wichtigsten ökonomischen Gradmesser für den gesamten Zustand der Volkswirtschaft eines Staates. Bezeichnen wir die Kaufkraft des Levs im Jahre 1952 mit 100, so belief sie sich im Jahre 1972 auf insgesamt 122,4 Leva. Das bedeutet, daß man 1972 mit 100 Leva Waren kaufen konnte, für die man 1952 122 Leva bezahlen mußte. Unmittelbaren Einfluß auf die Erhöhung des Realeinkommens der Werktätigen haben die ständig sinkenden Ausgaben vom Familienhaushalt für Steuern, Miete und Dienstleistungen aller Art. Insgesamt entfallen auf Steuern und Gebühren 4—5 Prozent und auf Wohnungsmiete 1—5 Prozent vom durchschnittlichen Familienbudget. Diese Angaben bedürfen keines Kommentars.

Ein unverkennbarer Beweis für das Anwachsen des Realeinkommens der Werktätigen in Bulgarien sind die Spareinlagen, die allein in der Zeit von 1952 bis 1972 auf das 25fache gestiegen sind. In der gleichen Zeitspanne erhöhten sich die Spareinlagen der Genossenschaftsbauern und ihrer Familienmitglieder auf das 44fache.

Man kann sich von dem Lebensstandard des bulgarischen Volkes kein vollständiges und wahres Bild machen, wenn man nicht die ständig wachsenden Fonds der gesellschaftlichen Konsumtion berücksichtigt, die an der Bildung des Nettoeinkommens teilhaben. Die Fonds der gesellschaftlichen Konsumtion sind jener Teil des Konsumtionsfonds, mit dem der Staat die sozialen und kulturellen Maßnahmen im Lande finanziert, die Institute und Behörden unterhält, Dienstleistungen an die Bevölkerung durchführt, ihre materielle Lage verbessert und ihre Kultur hebt. Und wenn der Staat für den Gesundheitsschutz, die sozialen Maßnahmen, Bildung, Wissenschaft, Kultur, den Wohnungsbau, den kulturellen Aufbau, das kommunale Bauwesen die Sorge trägt, so braucht die Bevölkerung selbstverständlich nicht für diese Dinge in die eigene Tasche zu greifen. Die gesellschaftlichen Konsumtionsfonds sind in den letzten zwanzig Jahren auf das 8,5fache gestiegen. Durch die gesellschaftlichen Konsumtionsfonds erhöhte sich das Jahreseinkommen pro Kopf der Bevölkerung im Jahre 1973 um mehr als 300 Leva.

In der heutigen Etappe der sozialistischen Produktionsverhältnisse sind die gesellschaftlichen Konsumtionsfonds dazu bestimmt, sehr wichtige Bedürfnisse der Bürger zu befriedigen, ohne daß ihr Arbeitsbeitrag für die Gesellschaft berücksichtigt wird, und der andere Teil — für Sozialversicherung und Gebühren — wird in Abhängigkeit von der Menge der früher geleisteten Arbeit für die Gesellschaft verteilt.

Durch die Entwicklung und Vervollkommnung der sozialistischen Produktionsverhältnisse wird sich immer mehr die Verteilung den Bedürfnissen entsprechend erweitern, wird die Bedeutung der gesellschaftlichen Konsumtionsfonds immer mehr anwachsen.

Die historische Entwicklung Bulgariens nach dem Zweiten Weltkrieg bestätigte, daß die Produktion und die Verteilung der materiellen Güter nur unter den Verhältnissen der sozialistischen Gesellschaftsordnung einem tatsächlich gerechten, humanen und wissenschaftlich-gesellschaftlichen Ziel — der maximalen Erleichterung des Lebens der Werktätigen und der ständigen Hebung ihres Wohlstands und ihrer Kultur — untergeordnet werden können. Die sozialistische Gesellschaftsordnung erwies sich als fähig, die Ausbeutung des Menschen durch den Menschen, die Sklaverei, Hunger, Elend, Unwissenheit und die Sorge um den morgigen Tag für immer zu beseitigen. Selbstverständlich bedeutet das durchaus nicht, daß im Sozialismus das Leben und der materielle Wohlstand der Werktätigen auf der Grundlage der von den früheren ausbeuterischen Gesellschaftsordnungen überkommenen Armut verbessert werden. Im Gegenteil, der Sozialismus sichert das Lebensniveau und die Kultur des Volkes auf der Basis der rationellsten Ausnutzung und Entwicklung der wirtschaftlichen und Arbeitskräfteressourcen des Landes, des planmäßigen beschleunigten Aufschwungs der ganzen Wirtschaft und der zweckmäßigen Verteilung und Verwendung des gesellschaftlichen Gesamtprodukts.

DIE AUSSENWIRTSCHAFTS- UND DIE AUSSENHANDELSBEZIEHUNGEN BULGARIENS

Neben der sozialistischen Umgestaltung des Landes wurden auch die Außenwirtschaftsbeziehungen von Grund auf verändert, die ein untrennbarer Teil der Sphäre des Umsatzes und des gesamten Reproduktionsprozesses sind. Die Außenwirtschaftsbeziehungen und besonders der Außenhandel wurden zu einem wichtigen Faktor für die Entwicklung der Produktivkräfte Bulgariens, für die Erweiterung und Vertiefung der wirtschaftlichen Zusammenarbeit und der gegenseitigen Hilfe zwischen den sozialistischen Ländern, für die Festigung der internationalen Zusammenarbeit mit allen Ländern guten Willens.

Im kapitalistischen Bulgarien lag der Außenhandel in Händen der einheimischen und ausländischen Kapitalisten, die das Land grausam ausplünderten und dahin wirkten, es völlig den fremden Monopolen zu unterwerfen.

Auf dem Gebiet des Großhandels herrschte das kaufmännische Großkapital vor. Von der Konzentration des Kapitals im Handel zeugt die Tatsache, daß im Jahre 1941 35 Aktiengesellschaften mit mehr als 5 Millionen Leva Grundkapital 47,5 Prozent des fixen Kapitals aller Aktiengesellschaften im Lande besaßen. Bei dieser vorherrschenden Stellung des Großkapitals fiel den Kleinhändlern, die meistens mit Kapital großer Firmen arbeiteten, die Rolle von Geschäftsvermittlern zu. Einen beachtlichen Platz im Handel nahm auch das ausländische Kapital ein. 1944 entfielen auf das ausländische Kapital 38 Prozent des Großhandels und der amerikanischen Gesellschaft »Petrol« 97 Prozent des Erdölhandels.

Der den Interessen des ausländischen Monopolkapitals dienende Außenhandel hemmte die industrielle Entwicklung Bulgariens und verstärkte seinen agraren Charakter. Die schwache Entwicklung der Produktivkräfte im Lande und seine politische und wirtschaftliche Abhängigkeit von den großen Staaten und vor allem von Deutschland wirkten sich außerordentlich negativ auf die Außenhandelsstruktur aus. Bulgarien blieb weiterhin Exporteur hauptsächlich von landwirtschaftlichen Erzeugnissen, gegen die es Massenkonsumgüter, an denen die Kurzwaren einen bedeutenden Anteil hatten, einführte. Die für die Entwicklung der Wirtschaft des Landes notwendigen Maschinen und Anlagen nahmen einen unbedeutenden Platz in der Einfuhr — kaum 13 Prozent — ein. Die politische Abhängigkeit des Landes bestimmten seine ausländischen Kunden. In den 30er Jahren erwies sich Bulgariens Außenhandel als völlig von Deutschland abhängig, dessen Anteil an unserem Außenhandel im Jahre 1939 65,6 Prozent des Imports und 67,8 Prozent des Exports und im Jahre 1944 72,2 Prozent des Imports und 87,8 Prozent des Exports erreichte. An zweiter Stelle stand Italien, das in diesen Jahren mit 9 Prozent am Außenhandelsumsatz Bulgariens beteiligt war. Die Nachbarländer wie auch die Sowjetunion fehlten fast völlig in der Liste der Handelspartner.

Diese extreme Einseitigkeit und Beschränktheit des bulgarischen Außenhandels, wobei auch die ungünstige Einfuhrstruktur aufrechterhalten wurde, hemmte die Entwicklung der Produktivkräfte des Landes und vergrößerte die kontinuierliche Verarmung der Werktätigen. Deshalb war die erste große Maßnahme des sozialistischen Staates, ein staatliches Monopol des Außenhandels zu schaffen und auf diese Weise diesen wichtigen Bereich von ausbeuterischen Elementen zu säubern. Mit der Bildung des staatlichen Außenhandelsmonopols im Jahre 1947 wurde dem Eindringen des kapitalistischen wirtschaftlichen Einflusses in Bulgarien ein Ende bereitet, und gleichzeitig wurden Voraussetzungen für die Planung des Außenhandels entsprechend den allgemeinen ökonomischen Gesetzen geschaffen.

Die stürmische Entwicklung der Volkswirtschaft führte zu einer beträchtlichen Erweiterung und Festigung der Außenhandelsbeziehungen unseres Landes. Während 1939 das kapitalistische Bulgarien faktisch mit 10 Ländern Handel trieb, unterhält das sozialistische Bulgarien jetzt zu 112 Ländern in aller Welt Handelsbeziehungen.

Als Ergebnis der zunehmenden Beteiligung Bulgariens an der internationalen sozialistischen Arbeitsteilung und der beschleunigten Entwicklung seiner Produktivkräfte hat sich der Warenumsatz im Außenhandel erheblich erhöht. Im Jahre 1973 erreichte er 6352,6 Millionen Leva und ist gegenüber 1939 (nach Vergleichspreisen) auf mehr als das 24fache gestiegen.

Nachstehend die Angaben über das Wachstum des Warenumsatzes im Außenhandel:

	1939	1955	1960	1965	1970	1972	1973
	Millionen Leva							
Warenaustausch	116,7	568,8	1408,7	2753,6	4486,8	5609,2	6352,6
Ausfuhr	63,4	276,4	668,6	1375,7	2344,5	2837,0	3196,4
Einfuhr	53,3	292,4	740,1	1377,9	2142,3	2772,2	3156,2
	Index 1955 = 100							
Warenaustausch	54,7	100,0	270,4	534,0	708,1	11	12
Ausfuhr	51,4	100,0	279,2	573,8	908,7	12	14
Einfuhr	57,8	100,0	262,1	496,3	784,4	10	11
	Struktur							
Warenaustausch	100,0	100,0	100,0	100,0	100,0	100,0	100,0
Ausfuhr	45,7	48,6	47,9	49,9	53,1	50,7	51,7
Einfuhr	54,3	51,4	52,1	50,1	46,9	49,3	48,3

Wie aus der Tabelle ersichtlich ist, besteht die Tendenz einer ständigen Steigerung sowohl in der Ausfuhr als auch in der Einfuhr.

Die durch den Aufbau einer modernen sozialistischen Industrie und einer mechanisierten und intensivierten landwirtschaftlichen Großproduktion sowie durch die Schaffung eines modernen Verkehrs- und Nachrichtenwesens bewirkte wirtschaftliche Entwicklung des Landes auf dem Weg des Sozialismus hat wesentliche Veränderungen in der bulgarischen Ein- und Ausfuhr hervorgerufen.

Kennzeichnend für die Einfuhrstruktur ist der ständig steigende Import von Produktionsmitteln. Das kann auch nicht anders sein. Der Bau neuer Industriekapazitäten, die Industrialisierung und Elektrifizierung des Landes sowie die Mechanisierung der Landwirtschaft erforderten eine rasche Erweiterung der Einfuhr von Maschinen, Ausrüstungen, Industrierohstoffen und chemischen Erzeugnissen. Die Einfuhr von Produktionsmitteln spielte eine entscheidende Rolle für die beschleunigte Industrialisierung, die sozialistische Umgestaltung der Landwirtschaft und den Transport.

Aus der nachstehenden Tabelle geht hervor, daß der Anteil von Produktionsmitteln an der Einfuhr stets um das 4- bis 6fache größer war als der von Konsumgütern. Von den in den letzten zwanzig Jahren eingeführten Waren waren fast 9/10 Maschinen und Industrierohstoffe.

Die Strukturveränderungen der Einfuhr sind aus folgender Tabelle ersichtlich:

	1939	1955	1960	1965	1970	1973
			In Millionen Leva			
Einfuhr insgesamt	53,3	292,4	740,1	1377,9	2142,3	3156,2
Produktionsmittel	42,9	276,6	653,2	1218,3	1885,5	2769,6
Konsumgüter	10,4	15,8	86,9	159,6	256,7	386,6
			Struktur			
Einfuhr insgesamt	100,0	100,0	100,0	100,0	100,0	100,0
Produktionsmittel	80,6	94,6	87,0	87,4	88,0	87,8
Konsumgüter	19,4	5,4	13,0	12,6	12,0	12,2

Im Vergleich zu 1939 ist die Einfuhr von Produktionsmitteln im Jahre 1973 nach Vergleichspreisen auf mehr als das 22fache und die von Konsumgütern auf nahezu das 13fache gestiegen.

Bulgarien importiert Maschinen, Ausrüstungen und komplette Betriebe, Eisenmetalle, Textilrohstoffe und Erdölprodukte.

Die erweiterten wirtschaftlichen Möglichkeiten des Landes erlaubten auch eine Erhöhung des absoluten Einfuhrvolumens der industriellen Verbrauchsgüter wie PKW, Motorräder, Rundfunk- und Fernsehgeräte, Uhren, Fotoapparate usw.

Im Jahre 1973 wurden zum Beispiel eingeführt: 48 627 Personenkraftwagen, 17 171 Fernsehgeräte, 65 822 Radioapparate, 742 000 Uhren, 74 737 Fotoapparate, 72 957 Haushaltsnähmaschinen.

Auf der Basis der Industrialisierung des Landes und der Spezialisierung auf bestimmte Zweige im Rahmen der internationalen Arbeitsteilung veränderte sich auch die Struktur der bulgarischen Ausfuhr. Durch die Entwicklung der Produktivkräfte wird die Ausfuhr der traditionellen landwirtschaftlichen Erzeugnisse immer mehr durch die Ausfuhr von Industriewaren, von den Erzeugnissen des Maschinenbaus, der metallverarbeitenden Industrie, der chemischen Industrie und der Eisen- und Buntmetallverhüttung verdrängt. Diesen Prozeß veranschaulicht nachstehende Tabelle:

Ausfuhr von industriellen und landwirtschaftlichen Erzeugnissen[1]

	1939	1956	1960	1965	1970	1973
			In Millionen Leva			
Insgesamt	63,4	353,4	668,6	1375,7	2344,5	3196,4
Industriewaren	42,1	299,0	562,8	1194,3	2139,6	2980,4
Industriewaren nicht-landwirtschaftlichen Ursprungs	0,2	99,1	172,6	539,2	1124,6	1845,5
davon Maschinen und Ausrüstungen für Produktionszwecke	0,0	15,9	86,4	341,3	679,4	—
Industriewaren landwirtschaftlichen Ursprungs	41,9	199,9	390,2	655,1	1015,0	1134,9
Nahrungsmittel	9,6	53,3	139,5	243,5	432,3	—
Bedarfsgüter	32,3	106,3	250,7	411,6	582,7	—
Unverarbeitete landwirtschtfl. Erzeugnisse	21,9	54,4	105,3	181,4	204,9	216,0

[1] Laut RGW-Nomenklatur 1971

	1939	1956	1960	1965	1970	1973
			Struktur			
Insgesamt	100,0	100,0	100,0	100,0	100,0	100,0
Industriewaren	62,6	85,3	84,4	87,6	92,1	95,2
Industriewaren nichtlandwirtschaftlichen Ursprungs	0,4	26,6	25,1	39,1	44,8	60,2
davon Maschinen und Ausrüstungen für Produktionszwecke	—	—	12,6	24,3	27,3	—
Industriewaren landwirtschaftlichen Ursprungs	62,2	58,7	59,3	48,5	47,3	35,0
Nahrungsmittel	15,5	16,5	22,7	19,5	20,7	—
Bedarfsgüter	46,7	42,2	36,6	29,0	26,6	—
Unverarbeitete landwirtschaftliche Erzeugnisse	37,4	14,7	15,6	12,4	7,9	4,8

Wie ersichtlich steigt die Ausfuhr von Industriewaren in bedeutend rascherem Tempo als die der unverarbeiteten landwirtschaftlichen Erzeugnisse. Im Vergleich zu 1939 war der Export von Industriewaren im Jahre 1973 (nach Vergleichspreisen) auf mehr als das 40fache und der von unverarbeiteten landwirtschaftlichen Erzeugnissen auf über das 3fache angewachsen.

Als Ergebnis der industriellen Entwicklung Bulgariens hat sich der Anteil der verarbeiteten Industriewaren an der Ausfuhr erheblich erhöht, dagegen ist der Anteil der unverarbeiteten landwirtschaftlichen Erzeugnisse von 37,4 Prozent im Jahre 1939 auf 4,8 Prozent im Jahre 1973 gesunken.

In der allgemeinen Erhöhung der Ausfuhr von Industrieerzeugnissen weist die Ausfuhr von solchen nichtlandwirtschaftlichen Ursprungs die größte relative und absolute Erhöhung auf. Während diese Waren 1939 nur 0,4 Prozent ausmachten, betrug ihr Anteil 1973 60,2 Prozent. Bulgarien exportierte früher keine Maschinen. 1970 erreichte ihr Anteil 34 Prozent. Auf der Grundlage der sozialistischen internationalen Spezialisierung der Produktion erzeugt Bulgarien über 400 Arten von Maschinen, und zwar nicht nur zur Deckung des eigenen Bedarfs, sondern auch für die Ausfuhr nach den anderen sozialistischen Ländern. Bulgarien exportiert heute Maschinen und Ausrüstungen, Erzeugnisse der chemischen Industrie, der Eisen- und Buntmetallverhüttung, der pharmazeutischen, Elektro-, Baustoff-, Porzellan- und Keramikindustrie u. a.

Allein im Jahre 1973 führte Bulgarien aus: 2633 Drehmaschinen, 665 400 Elektromotoren, 549 Krafttransformatoren, 31 087 Elektrokarren, 69 720 Elektrozüge, 1 000 000 Akkumulatoren, 25 987 Rundfunkempfänger, 233 200 Stromzähler, 330 000 Telefonapparate, 20 140 Funkfernsprecher, 23 874 elektronische Tastenrechner, nahezu 62 000 Schreibmaschinen, 3384 Traktoren, 17 393 Pumpen, 24 973 Mähhäcksler, 21 376 Drillmaschinen für Traktorenzug, 113 000 Tonnen Karbamid, 154 000 Tonnen Stickstoffdünger, 23 656 Tonnen kalzinierte Soda, 120 000 Tonnen Zement, 3 832 000 qm Flachglas, 59 385 000 Stück Kacheln, 1670 kg Rosenöl. Bulgarien baut und exportiert See- und Flußschiffe, Eisenbahnwagen, Traktoren, Mähdrescher und Dreschmaschinen.

Bulgarien führt auch komplette Betriebe aus, die hinsichtlich ihrer technisch-ökonomischen Kennziffern den entsprechenden Erzeugnissen anderer Exportländer keineswegs nachstehen.

Bulgarien produziert und liefert Ausrüstungen für Fabriken für Spiritus, Stärke, Glykose, Dextrin und andere Klebstoffe, für die Verarbeitung und Konservierung von Obst, Gemüse und Fleisch, zum Trocknen von Zwiebeln, für Stahlbetonerzeugnisse, für Kalziumkarbid und Ferrosilizium, Transformatoren, Bergwerke, für keramische und holzverarbeitende Betriebe, Kühlanlagen, für Wasserkraftwerke, Talsperren u. a. Die Nomenklatur der kompletten Ausrüstungen, die Bulgarien exportieren kann, wächst.

Rasch vergrößert sich der Anteil der industriellen Nahrungsmittel landwirtschaftlichen Ursprungs wie Konfitüren, Gelees, Pulpen für Marmeladen, Fleisch- und Obstkonserven, Weine und Fruchtsäfte, Zigaretten u. a. Außerdem ist Bulgarien eines der größten Ausfuhrländer von unverarbeiteten landwirtschaftlichen Erzeugnissen, besonders von Gemüse und Obst. So führte es zum Beispiel allein im Jahre 1973 322 000 Tonnen Frischgemüse, 117 600 Tonnen Tomaten, 392 000 Tonnen frisches Obst, davon 155 300 Tonnen Weintrauben aus.

Bulgarien ist auch eines der größten Ausfuhrländer von Tabak, Sonnenblumensamen und Rosenöl. 1972 hat es rund 70 000 Tonnen Tabak, über 50 000 Tonnen Zigaretten und 90 000 Tonnen Sonnenblumensamen exportiert.

Vor dem 9. September 1944 führte Bulgarien keine Gewebe aus. Jetzt nehmen die Baumwoll- und Seidengewebe einen wichtigen Platz in der Exportnomenklatur ein. In den letzten drei Jahren (1971 bis 1973) wurden 165 Millionen Meter Baumwollgewebe und fast 2 Millionen Meter Seidengewebe ausgeführt. Berühmt sind auch die bulgarischen Teppiche aus Tschiprovzi und Kotel sowie die vom Persertyp, von denen 1970 bis 1973 nahezu 2 Millionen Quadratmeter ins Ausland geliefert wurden.

Diese Angaben zeigen die ständig wachsende Bedeutung der Industrie für den bulgarischen Export und besonders der Produktion der Schwerindustrie.

Diese Angaben zeigen weiter, daß unsere Ausfuhrliste reichhaltig ist. Sie wird ständig durch neue und hochwertige Waren ergänzt, die die geschickten Hände der fleißigen bulgarischen Werktätigen herstellen. Bulgarien kennt im Handel weder Diskriminierung noch das Bestreben, ihn für politische Zwecke auszunutzen. Es treibt sowohl mit den sozialistischen als auch mit den nichtsozialistischen Ländern Handel. Folgende Tabelle veranschaulicht den Warenaustausch Bulgariens nach Ländergruppen.

	1939	1956	1960	1965	1970	1973
	Struktur					
Warenaustausch insgesamt	100,0	100,0	100,0	100,0	100,0	100,0
soz. Länder	0,0	84,7	83,9	76,8	77,8	79,3
davon RGW-Länder	—	81,9	80,5	73,0	74,4	77,2
entwickelte kap. Länder	98,1	12,2	13,2	19,1	16,6	14,6
Entwicklungsländer	1,9	3,1	2,9	4,1	5,6	6,1
Ausfuhr	100,0	100,0	100,0	100,0	100,0	100,0
soz. Länder	0,0	86,9	84,0	79,4	79,4	79,5
davon RGW-Länder	—	84,1	80,9	75,8	75,8	77,4
entwickelte kap. Länder	97,8	10,0	12,5	15,9	14,2	13,4
Entwicklungsländer	2,2	3,1	3,5	4,7	6,5	7,1
Einfuhr	100,0	100,0	100,0	100,0	100,0	100,0
soz. Länder	0,0	82,0	83,9	74,2	76,2	79,1
davon RGW-Länder	—	79,2	80,4	70,3	73,0	77,0
entwickelte kap. Länder	98,5	14,7	13,7	22,3	19,1	15,8
Entwicklungsländer	1,5	3,3	2,4	3,5	4,7	5,1

Wie ersichtlich wird der Großteil des Warenaustausches im Außenhandel — etwa 80 Prozent der Ein- und Ausfuhr — mit den sozialistischen Ländern getätigt.

Mehr als die Hälfte seines jährlichen Warenaustausches verwirklicht Bulgarien mit der Sowjetunion. Danach folgen: die Deutsche Demokratische Republik, die Tschechoslowakei, Rumänien, Polen, Ungarn u. a. Diese Orientierung des bulgarischen Außenhandels auf die Sowjetunion und die übrigen sozialistischen Länder ist nicht nur durch die brüderliche wirtschaftliche Zusammenarbeit und die gegenseitige Hilfe zwischen den sozialistischen Staaten bedingt, sondern auch durch den großen Bedarf des Landes an Maschinen und Ausrüstungen zur Schaffung neuer Werke, neuer Industriezweige, überhaupt zum Aufbau der bulgarischen Industrie. Bekanntlich sind manche imperialistische Staaten immer noch nicht zu einem solchen Warenaustausch bereit, der zur Industrialisierung der kleineren Länder beitragen würde.

Die Sowjetunion ist der wichtigste Handelspartner Bulgariens. Die Wirtschaftsbeziehungen zwischen beiden Staaten realisieren sich hauptsächlich durch den Außenhandel, die Kredite, durch wirtschaftlich-technische Zusammenarbeit wie auch Zusammenarbeit auf dem Gebiet des internationalen Fremdenverkehrs u. a. In den Wechselbeziehungen zwischen beiden Ländern ist von größter Bedeutung der Außenhandel, der sich in sehr raschem Tempo entwickelt. Von 156,7 Millionen Leva im Jahre 1945 erreichte er 3387 Millionen Devisenleva im Jahre 1973. Auf die Sowjetunion entfielen im Jahre 1973 54,7 Prozent der bulgarischen Ausfuhr und 51,9 Prozent der Einfuhr. 4/5 der aus der Sowjetunion importierten Waren sind Produktionsmittel.

Bis 1950 machten die Rohstoffe (Metalle, Erdölprodukte, Chemikalien u. a.) etwa 2/3 des Imports aus der Sowjetunion aus. Seitdem aber haben die Maschinen und Ausrüstungen den Vorrang, deren Anteil die Hälfte des Wertes aller von der Sowjetunion gelieferten Waren erreicht. Die meisten in Bulgarien eingeführten Maschinen und Ausrüstungen stammen aus der Sowjetunion.

Mit sowjetischen Maschinen wurden ganze Industriezweige wie Schwarz- und Buntmetallurgie, chemische Industrie, Erzbergbau, Schiffbau, Maschinenbau, Energiewirtschaft u. a. aufgebaut.

Darüber hinaus ist die Sowjetunion Bulgariens Hauptlieferant von Industrierohstoffen: Rohöl und Erdölprodukte, Koks, Steinkohle, Eisenerz, Gußeisen, Walzmaterial, Asbest und in letzter Zeit auch Elektroenergie. In Bau befindet sich eine Gasleitung UdSSR—Bulgarien. Die Sowjetunion liefert uns den größten Teil der Rohstoffe für synthetischen Kautschuk, über 60 Prozent der importierten Baumwolle und rund 3/4 des eingeführten Zellstoffs und Papiers. Ihrerseits kauft die Sowjetunion etwa 3/4 der für den Export bestimmten bulgarischen Maschinen, Chemikalien, Pulpen, Weine, Gemüsekonserven und Fertigspeisen, mehr als 50 Prozent des frischen und verarbeiteten Obstes und Gemüses, über 90 Prozent der Konfektion, der Möbel, Schuhe sowie andere Waren.

Auf Grund der Verträge über wissenschaftlich-technische Zusammenarbeit hat Bulgarien bisher von der Sowjetunion mehr als 6000 Dokumentationen erhalten. An die 4000 sowjetische Spezialisten haben ihren bulgarischen Kollegen ihre Erfahrungen vermittelt, und über 6000 bulgarische Fachleute haben in der Sowjetunion studiert oder sich dort spezialisiert.

Ist das nicht der deutlichste Beweis für die neue Art der Beziehungen zwischen den Ländern — Beziehungen, die von dem gemeinsamen Bestreben diktiert sind, einen allgemeinen wirtschaftlichen, technischen und kulturellen Fortschritt zu erzielen?

In den letzten zehn Jahren erweiterte sich infolge der verbesserten internationalen Lage auch Bulgariens

Warenaustausch mit den entwickelten kapitalistischen Ländern. Während sich der Warenaustausch mit den entwickelten kapitalistischen Ländern im Jahre 1956 auf 78,9 Millionen Leva belief, stieg er 1973 auf 926,2 Millionen Devisenleva. Obwohl der Warenaustausch mit diesen Ländern rund 14 Prozent ausmacht, ist er beträchtlich größer als der gesamte Warenaustausch des bürgerlichen Bulgarien.

Bulgariens größte Handelspartner unter den kapitalistischen Ländern sind die Bundesrepublik Deutschland, Österreich, Italien, England, Frankreich und Belgien. Die Erweiterung des Warenaustausches mit diesen Ländern wird bedeutend durch die großen Hindernisse erschwert, die die geschlossenen Wirtschaftsgruppierungen in der kapitalistischen Welt der bulgarischen Ausfuhr stellen.

Die bulgarische Regierung hat ihre Bereitschaft, den Handel und die wissenschaftlich-technische Zusammenarbeit mit den fortgeschrittenen kapitalistischen Ländern zu stabilisieren und zu erweitern, wiederholt zum Ausdruck gebracht. Doch das muß auf der Grundlage des gegenseitigen Vorteils erfolgen. Bulgarien, das von diesen Prinzipien ausgeht, orientiert sich selbstverständlich auf diejenigen Länder und Firmen, die diese Anforderungen gewissenhaft einhalten und in der Tat beweisen, daß sie eine dauerhafte und aussichtsreiche Zusammenarbeit aufrichtig wünschen.

In raschem Tempo wächst das Außenhandelsvolumen mit den Entwicklungsländern. Darin drückt sich das Bestreben Bulgariens aus, seine Wirtschaftsbeziehungen zu diesen Ländern zu vertiefen und sie entsprechend seinen Möglichkeiten in ihrer wirtschaftlichen Entwicklung zu unterstützen. Es bestehen günstige Bedingungen für die Entwicklung des Handels zwischen Bulgarien und den Entwicklungsländern, da sie Verbraucher sowohl von bulgarischen Industriewaren als auch von einer Reihe landwirtschaftlicher Erzeugnisse sein können und andererseits unserem Land zahlreiche Rohstoffe wie Phosphate, Erze, Baumwolle, Kautschuk, Südfrüchte, Kaffee, Kakao u. a. zu liefern imstande sind.

Der Warenaustausch Bulgariens mit den Entwicklungsländern ist von 20,3 Millionen Devisenleva im Jahre 1956 auf 387,5 Millionen Devisenleva im Jahre 1973 gestiegen.

Am Handelsverkehr Bulgariens mit den Entwicklungsländern haben die arabischen Staaten den größten Anteil, da sie ja auch in geographischer Hinsicht unserem Land am nächsten gelegen sind. Der Warenaustausch mit den Entwicklungsländern steigt kontinuierlich, wobei in der Zeitspanne 1960—1970 die Zuwachsrate 21,3 Prozent im Jahresdurchschnitt erreichte. Heute entfallen rund 60 Prozent des Warenaustausches Bulgariens mit den Entwicklungsländern auf die arabischen Staaten. Der Anteil der Entwicklungsländer am gesamten Handelsverkehr Bulgariens ist zwar immer noch klein — 5,8 Prozent —, aber die bulgarische Regierung bemüht sich ernsthaft darum, daß er sich jährlich in rascherem Tempo vergrößert.

In seinem Wunsch, die wirtschaftliche Entwicklung dieser Länder zu fördern, leistet ihnen Bulgarien außer seiner Handelstätigkeit auch Hilfe in Form von Investitionen und Finanzkrediten. Es hat einer Reihe von Entwicklungsländern Kredite zu äußerst günstigen Bedingungen gewährt. Mit diesen Krediten kaufen die Entwicklungsländer von Bulgarien komplette Industrieobjekte und -anlagen. Bei der Realisierung dieser Lieferungen leistet unser Land technische Hilfe bei der Projektierung und der Montage der Anlagen sowie bei der technischen Ausbildung der einheimischen Kader.

Eine beachtliche Hilfe leistet Bulgarien den Entwicklungsländern auch im Bauwesen. Bulgarische Spezialisten, Ingenieure, Techniker und Mechanisatoren bauen die Talsperren »Rastan« und »Maharde«, den Flughafen in Gmer, den Silo mit 50 000 Tonnen Fassungsvermögen in Latakia, das Bewässerungssystem »Ascharne« in Syrien, die Straße Dshola Ula-Derbenti Han und den Bagdader Flughafen in Irak. Die Bautätigkeit im Ausland schafft zusätzliche Möglichkeiten, sowohl Industrieanlagen, Maschinen und Baustoffe zu exportieren als auch technische Hilfe durch ingenieur-technische und Projektantenkader zu leisten.

Für die von Bulgarien geleistete wissenschaftlich-technische Hilfe spricht auch die Tatsache, daß mehr als 1500 bulgarische Fachleute — Ärzte, Ingenieure, Architekten u. a. — jährlich in den Entwicklungsländern arbeiten.

Um die Wirtschaftsbeziehungen zu den Entwicklungsländern zu fördern, wurde bulgarischerseits viel für die Schaffung von regelmäßigen Verkehrsverbindungen getan. So zum Beispiel unterhält Bulgarien direkte Schiffahrtslinien nach dem Mittleren Osten, Westafrika, Lateinamerika, nach dem Fernen Osten und Australien. In einigen Ländern, in denen es die einheimischen Gesetze gestatten, ist Bulgarien an gemischten Gesellschaften beteiligt, deren Tätigkeit sich auf Handel und Produktion erstreckt.

So erfüllt Bulgarien seine internationale Pflicht, damit diese Länder ihre ökonomische Rückständigkeit, das Erbe der imperialistischen Herrschaft und Ausbeutung, überwinden können.

Infolge der künftigen Entwicklung der Produktivkräfte des Landes wird Bulgarien seine Wirtschaftsbeziehungen nicht nur zu den sozialistischen, sondern auch zu den nichtsozialistischen Ländern erweitern können. Das bedeutet, daß die aktive Auswirkung des Außenhandels auf die Entwicklung der bulgarischen Volkswirtschaft wachsen wird und sich seine Beziehungen zu den anderen Ländern vergrößern werden, was gleichzeitig auch zur Festigung der Freundschaft und des Friedens zwischen den Völkern beitragen wird.

Der stürmische wirtschaftliche Aufschwung der sozialistischen Staatengemeinschaft zeigt, daß die erfolgreiche Entwicklung der nationalen Wirtschaften der Länder dieser Gemeinschaft nur auf der Grundlage der allgemeinen Gesetzmäßigkeiten im Aufbau des Sozialismus und bei engster Zusammenarbeit und gegenseitiger Hilfe zwischen ihnen, bei kontinuierlicher Integration ihrer Ökonomie möglich ist.

Die Formen und der Entwicklungsgrad der Wirtschaftsbeziehungen Bulgariens zu den anderen sozialistischen Ländern sind äußerst verschieden. Die wirtschaftliche Integration Bulgariens mit den sozialistischen Ländern begann mit einer Intensivierung der Zusammenarbeit zunächst auf dem Gebiet des Handels, des Kredit- und des Finanzwesens und in anderen Bereichen der Zirkulation und erfaßte danach auch die Produktionsprozesse hauptsächlich durch die internationale Spezialisierung und Kooperation anfänglich in den einen oder anderen Zweigen und später auch durch gegenseitige Koordinierung im Maßstab der einzelnen Zweige und der gesamten Volkswirtschaft.

Die sozialistische Integration vollzieht sich nicht spontan, sondern wird von den staatlichen Organen gelenkt, indem sie sich auf die objektiv wirkenden ökonomischen Gesetze des Sozialismus stützen. Praktisch werden der gegenseitige Beistand und die Zusammenarbeit zwischen den sozialistischen Ländern vom Rat für Gegenseitige Wirtschaftshilfe (RGW), der 1949 geschaffen wurde, gelenkt und reguliert. Die Tätigkeit dieser Organisation während der vergangenen fünfundzwanzig Jahre bestätigte vollauf, daß die Vereinigung der Bemühungen und das enge Bündnis der Länder, die den Sozialismus aufbauen, vom wirtschaftlichen und sozialen Standpunkt aus erforderlich sind. Deshalb betrachtet die Regierung der Volksrepublik Bulgarien die Zusammenarbeit und die gegenseitige Hilfe zwischen den sozialistischen Ländern und die Beteiligung Bulgariens am Rat für Gegenseitige Wirtschaftshilfe als einen Eckstein ihrer internationalen Wirtschaftspolitik.

ABBILDUNGEN 115—152

115 Schwarzerde und Maschinen
    Foto: Ljuben Tscharaktschiev
116 Ernte Foto: Radoslav Paruschev
117 »Ornament der Arbeit« Foto: Petar Boshkov
118 Ernteeinbringung Foto: Ljuben Tscharaktschiev
119 Überfluß Foto: Lotte Michajlova
120 Weinberg Foto: Petar Boshkov
121 Agrikultur Foto: Petar Boshkov
122 Weinlese Foto: Radoslav Paruschev
123 Volksbräuche der bulgarischen Weinbauern am Feiertag des Trifon Saresan
    Foto: Ljuben Tscharaktschiev
124 Tabak Foto: Krum Arsov
125 Moderne Rinderfarm Foto: Lalju Slatkov
126 Veredelte Kuhrasse Foto: Ljuben Tscharaktschiev
127 Sonnenblumen Foto: Dimo Dimov
128 Flugzeuge im Dienst der Landwirtschaft
    Foto: Ljuben Tscharaktschiev
129 Gemüsetransport aus den großen Treibhäusern bei Plovdiv Foto: Ljuben Tscharaktschiev
130 Start zur Schwarzmeerküste
    Foto: Ljuben Tscharaktschiev
131 Eisenbahnbrücke über dem Iskar-Fluß
    Foto: Petar Boshkov
132 Tankstelle im Gebirge Foto: Dimitar Angelov
133 Landstraßen Foto: Dimo Dimov
134 Das chemische Erdölkombinat, Burgas
    Foto: E. Ljubomirov
135 In der Strumpffabrik Foto: Velitschka Michajlova
136 Das Kunstfaser-Kombinat Svilosa bei der Stadt Svischtov Foto: Toros Horissjan
137 Das erste Atomkraftwerk auf der Balkanhalbinsel in der Stadt Kosluduj an der Donau
    Foto: Toros Horissjan
138 Hobby Foto: Ivo Hadshimischev
139 Das Wasserkraftwerk »Passarel« bei Sofia
    Foto: Stojko Koshucharov
140 Der Handwerker Foto: Ivo Hadshimischev
141 Die Fernleitung Mariza-Istok
    Foto: Toros Horissjan
142 Das Kohlebecken Mariza Foto: N. Tschobanov
143 Die »Georgi-Dimitrov«-Werft in Varna
    Foto: Radoslav Paruschev
144 Der Hafen von Varna Foto: Radoslav Paruschev
145 Schwerindustrie Foto: Dimo Rogev
146 Das Elektronika-Werk Foto: Boris Juskesseliev
147 Bulgarische Trawler auf allen Meeren
    Foto: Ognjan Juskesseliev
148 Fischfang Foto: Todor Simeonov
149 Fahrzeugwerke für Gabelstapler
    Foto: Petar Boshkov
150 Ausstellung der Bulgarischen Industrie- und Handelskammer Foto: Dimitar Angelov
151 Das Gelände der alljährlichen »Internationalen Messe Plovdiv« Foto: Evgeni Djulgerov
152 Rosenernte im Rosental Foto: Toros Horissjan

115

116

117

118

119

120

121

122

123

124

125

126

127

128

129

131

130

132

133

137 | 138 | 139
140 | 141 | 142

143

144

145

147

146

148

149

150

152

V. KULTUR UND KUNST

In Bulgarien vollzogen sich neben den revolutionären Umwälzungen in den sozialökonomischen Verhältnissen auch revolutionäre Veränderungen in der Ideologie, Bildung und Kultur des Volkes.

Die materielle und die ideologische Umgestaltung sind in der sozialistischen Revolution eng miteinander verbunden. Die Schaffung und Entwicklung der sozialistischen Wirtschaftsbeziehungen bilden die materielle Grundlage, auf der die allseitige ideologische Umgestaltung und kulturelle Entwicklung der Gesellschaft erfolgt.

Den Arbeitern und Bauern nicht nur die Errungenschaften der Kultur zugänglich zu machen, sondern dieser qualitativ neuen Kultur auch einen in der Vergangenheit undenkbaren Aufschwung zu gewährleisten — eben darin besteht das Wesen der Kulturrevolution als untrennbarer Teil der sozialistischen Revolution in Bulgarien.

Bekanntlich sind die Menschen mit ihrer Produktionserfahrung, mit ihren Arbeitsgewohnheiten und wissenschaftlich-technischen Kenntnissen die Hauptproduktivkraft, die den Fortschritt im Leben fördert und ständig den materiellen gesellschaftlichen Reichtum mehrt, der, dem Volk zur Verfügung gestellt, eine Quelle der allseitigen harmonischen Entwicklung des einzelnen Menschen ist. Eben deshalb beseitigt die sozialistische Gesellschaft alle sozialen Grenzen bei der Anwendung der wissenschaftlichen Errungenschaften im Interesse der ständigen Hebung des Wohlstands und der Kultur des Volkes.

Die Entwicklung des Bildungswesens und der Wissenschaft und die Erweiterung der Kulturinstitute gehören zu den Hauptaufgaben der Staatspolitik. Für diese Zwecke wendet der Staat riesige Mittel auf, die mit jedem Jahr steigen. Die Dynamik der gesellschaftlichen Fonds, die für die Entwicklung des Bildungswesens, der Wissenschaft, Kultur und Kunst verwendet werden, ist aus der nachstehenden Tabelle ersichtlich.

Gesellschaftliche Fonds für Bildungswesen, Wissenschaft, Kultur und Kunst

Jahr	Index 1952 = 100 Bildungswesen	Index 1952 = 100 Kultur und Kunst
1955	127,5	105,2
1956	144,1	128,7
1960	190,9	171,3
1965	288,3	231,3
1970	512,9	627,8
1971	528,3	629,6
1972	617,6	793,0

Allein in den Jahren 1953—1973 sind die Ausgaben für die Entwicklung des Bildungswesens auf mehr als das 6,5fache und die für Kultur und Kunst auf mehr als das 8fache gestiegen.

Die Ergebnisse dieser Politik werden wir in den folgenden Abschnitten erläutern.

VOLKSBILDUNG UND WISSENSCHAFT

Den Hauptplatz in der Kulturpolitik des Staates nehmen das Bildungswesen und die Wissenschaft ein, denn sie sind für den politisch-gesellschaftlichen und wissenschaftlich-technischen Fortschritt des Landes von ausschlaggebender Bedeutung.

Groß sind die Traditionen des bulgarischen Volkes im Bildungswesen, heiß ist sein Drang nach Bildung und Wissenschaft, nach Lebenswahrheit. Dieser Wissensdurst und Lerneifer war einer der Faktoren der bulgarischen Wiedergeburt. Unter den düsteren und primitiven Lebensverhältnissen während der fünfhundertjährigen osmanischen Fremdherrschaft vermochten die Bulgaren dennoch ihre nationale Eigenart und ihren nationalen Geist zu bewahren, und schon damals schufen sie ein für jene Zeit breites System von weltlichen Schulen. Der nationale und demokratische Geist dieser Schulen war so stark, daß ihn weder die osmanischen Unterdrücker noch die reaktionäre faschistische bulgarische Bourgeoisie nach der Befreiung des Landes zerstören konnten.

Die neue volksdemokratische Regierung fand 1944 in Bulgarien ein ziemlich ausgedehntes Schulnetz vor. Den neuen historischen Aufgaben, die der sozialistische Aufbau den Schulen stellte, konnte es jedoch nicht entsprechen. Trotz der allgemeinen Schulpflicht gingen damals jährlich rund 100 000 Kinder nicht zur Schule. Obwohl es in Bulgarien 30 000 Lehrer gab, war ein starker Mangel an Lehrkräften spürbar, besonders in den Dörfern und Kleinstädten. Die Schulgebäude und die materiell-technische Ausrüstung waren völlig unzureichend. Der Unterricht hatte keine Beziehung zum praktischen Leben. Die Jugendlichen verließen die Schule mit allgemeinen Kenntnissen, jedoch ohne praktische Vorbereitung und erweiterten meist die Reihen der Arbeitslosen. Überdies hatten die Kinder der großen Mehrheit der Werktätigen infolge der schlechten wirtschaftlichen Lage ihrer Eltern keine Möglichkeit, eine Oberschule oder gar eine Hochschule zu besuchen.

Demnach waren radikale Veränderungen notwendig, die das gesamte Bildungssystem in Bulgarien nicht nur erweiterten, sondern auch gründlich umgestalteten. Und diese Veränderungen wurden durchgeführt. Der erste Schritt zu einem kulturellen Aufschwung war die Beseitigung des Analphabetentums. Jetzt gibt es unter den bulgarischen Bürgern kaum noch einen Analphabeten. Die Schulpflicht bis zum 16. Lebensjahr wurde eingeführt. Über 90 Prozent der Jugendlichen besuchen nach Absolvierung der Grundschule eine Oberschule.

In den Jahren des sozialistischen Aufbaus Bulgariens wurde die materiell-technische Unterrichtsbasis fast völlig erneuert. Gleichzeitig wurde der Unterricht auf zweckmäßige Weise konzentriert. Jetzt lernen rund 1 550 000 Schüler in rund 4500 neuen oder gründlich modernisierten Unterrichtseinrichtungen. In den Grund- und Oberschulen lernen jetzt über 1 422 000 Schüler, und die Zahl der Lehrkräfte an diesen Schulen stieg von 31 372 im Schuljahr 1939/40 auf rund 76 000 im Schuljahr 1973/74.

Mit der Erweiterung des Schulnetzes wurden auch bedeutende Veränderungen im Inhalt und in der Struktur des Unterrichts verwirklicht, um ihn enger mit dem praktischen Leben zu verbinden und den Erfordernissen und Perspektiven der gesamten Entwicklung des Landes anzupassen. In Bulgarien gibt es 238 Fachschulen (einschl. Kunstschulen), 265 technische Berufsoberschulen und 71 technische Berufsschulen, in denen die Hauptkader der jungen technischen Intelligenz ausgebildet werden. Die Jugendlichen, die diese Schulen absolvieren, haben die Möglichkeit, sich an den Hochschulen weiterzubilden. Beachtliche Erfolge wurden auch in der Hochschulbildung erzielt. Früher gab es in Bulgarien vier Hochschulen mit zehn Fachrichtungen, jetzt dagegen sind es 24 Hochschulen, an denen Kader in Hunderten Fächern aus allen Wissensgebieten ausgebildet werden.

In dreißig Jahren stieg die Zahl der Studenten von 10 169 im Studienjahr 1939/40 auf 103 515 im Studienjahr 1973/74 und die der Lehrkräfte entsprechend von 453 auf 8909.

Das charakteristischste Merkmal der Entwicklung des Hochschulwesens in Bulgarien ist seine vollständige Demokratisierung. Die Tore der Universitäten stehen jetzt allen Jugendlichen mit Hochschulbildung offen. Wer aus dem einen oder anderen Grund nicht direkt von der Schulbank in den Hörsaal überwechseln konnte, hat die Möglichkeit, im Fernstudium zu studieren. Die Fernstudenten erhalten vier Monate im Jahr bezahlten Studienurlaub und haben Anspruch auf einen kürzeren Arbeitstag. Auf 10 000 Einwohner entfallen jetzt in Bulgarien 120 Studenten, während es 1939/40 nur 16 waren. Hinsichtlich der Anzahl der Studenten im Verhältnis zur Bevölkerungszahl steht Bulgarien an einer der ersten Stellen in der Welt.

30 Prozent der Studenten erhalten vom Staat Stipendien, und immer mehr Studenten erhalten Stipendien von den Betrieben, die sie auf die Hochschule geschickt haben.

An den bulgarischen Hochschulen studieren über 2500 Studenten aus mehr als 50 Ländern. In Bulgarien, wo Rassenhaß und Diskriminierung mit der Erziehung und Moral des Volkes und der Verfassung des Staates unvereinbar sind, fühlen sich die ausländischen Studenten wie zu Hause, unter Freunden und Kameraden.

Auch das Netz der Institute mit Hochschulcharakter wurde beträchtlich erweitert. Anstelle der einstigen 5 Institute dieser Art gibt es jetzt 25, und die Zahl der an ihnen Studierenden stieg von 803 auf 16 076. Die Zahl der Lehrkräfte erhöhte sich von 64 auf 759. In den Instituten mit Hochschulcharakter werden hauptsächlich Grundschullehrer und Techniker für das Verkehrs- und Nachrichtenwesen ausgebildet. Ein unmittelbares Ergebnis der Reorganisierung des Bildungswesens in Bulgarien ist die rasch zunehmende Zahl der Personen mit Ober- und Hochschulbildung.

In den Jahren 1945—1973 absolvierten in dem kleinen Bulgarien 692 000 Personen die Oberschulen, rund 570 000 die Fachschulen und die Kunstschulen, fast 550 000 die Berufsoberschulen und die technischen Berufsschulen, 77 000 die Institute mit Hochschulcharakter und 211 000 die Hochschulen. Allein in den Jahren 1948—1973 stellten rund 62 500 Ingenieure, 27 800 Landwirtschaftsspezialisten, 34 900 Wirtschaftswissenschaftler, 25 800 Ärzte, Zahnärzte und Pharmazeuten, rund 40 000 Lehrer und viele andere hochqualifizierte Spezialisten ihre Kräfte in den Dienst der Volkswirtschaft.

Alljährlich absolvieren fast 60 000 junge Spezialisten die bulgarischen Hoch- und Fachschulen.

Fast alle Spezialisten, die jetzt in der Volkswirtschaft tätig sind, haben die Hochschulen nach dem Sieg der sozialistischen Revolution von 1944 beendet.

In Bulgarien ist die Bildung in all ihren Stufen allen zugänglich, für alle frei und unentgeltlich geworden. Der bulgarischen Jugend stehen alle Wege zu den Höhen der Wissenschaft offen. Dieses demokratischste aller Bildungssysteme, das vom sozialistischen Staat geschaffen wurde, ist die wertvollste kulturelle Errungenschaft des bulgarischen Volkes.

Der sozialistische Staat schuf für die Entwicklung aller Zweige der Wissenschaft Perspektiven und materielle Voraussetzungen, die in der Vergangenheit undenkbar waren.

Vor dreißig Jahren war die Bulgarische Akademie der Wissenschaften eine sehr bescheidene Einrichtung: ein einziges Institut mit sechzehn wissenschaftlichen Arbeitern. Jetzt gehören zur Bulgarischen Akademie der Wissenschaften, zur Akademie der Landwirtschaftswissenschaften und zu den einzelnen Ministerien und Behörden 210 wissenschaftliche Institute mit 10 542 Wissenschaftlern und zahlreichen Mitarbeitern. Mit den Wissenschaftlern, die in den Hochschulen Forschungsarbeit leisten, beläuft sich die Zahl der Personen im Lande, die sich unmittelbar mit wissenschaftlicher Forschungsarbeit befassen, auf über 16 800. Der Staat wendet große Mittel und viel Mühe auf, um für die Entwicklung des schöpferischen wissenschaftlichen Denkens, für die Meisterung der modernen Wissenschaft, die immer mehr zu einer unmittelbaren materiellen Produktivkraft wird, günstige Bedingungen zu schaffen.

Viele bulgarische Gelehrte erwarben sich mit ihrer Tätigkeit die Achtung des bulgarischen Volkes, und einige von ihnen wurden durch ihre wissenschaftlichen Entdeckungen über die Grenzen des Landes hinaus bekannt.

Auf den Gebieten der Chemie, der Geologie, des Maschinenbaus, des Bauwesens, der Rechentechnik, der Gesellschaftswissenschaften und der Landwirtschaftswissenschaften wurden in Bulgarien bedeutende wissenschaftliche Erfolge erzielt.

In dem experimentellen bulgarischen Atomreaktor werden viele wissenschaftliche Beobachtungen und Untersuchungen über Atome und Isotope, kosmische Strahlen und die Physik der hohen Energien, die Physik der niedrigen Temperaturen und andere Probleme durchgeführt, die für die Entwicklung der Grundzweige der Volkswirtschaft und das Gesundheitswesen von unmittelbarer praktischer Bedeutung sind. Nach der UdSSR, den USA, Großbritannien, Frankreich und der Bundesrepublik Deutschland ist Bulgarien das sechste Land der Welt, in dem man im Experiment den Laser-Strahl erhielt, der eine ungeheure Wärmeenergie entwickelt und für die Wissenschaft von außerordentlicher Bedeutung ist.

Eine bulgarische elektronische Rechenmaschine wurde entwickelt.

Bulgarische Biologen, Agronomen und andere Landwirtschaftsspezialisten züchteten 150 neue Sorten Weizen, Mais, Tomaten, Äpfel, Tabak u. a., die jetzt in großem Umfang angebaut werden.

Bulgarische Geologen entdeckten große Lagerstätten von Steinkohle, Eisen- und Buntmetallerzen, Erdöl, Erdgas, Steinen und Erden, wodurch wesentliche Veränderungen in der Wirtschaft des Landes entstanden.

Auf Bulgariens höchstem Gipfel Mussala (2925 m) wurde eine der modernsten wissenschaftlichen Stationen der Welt zur Erforschung der kosmischen Strahlung errichtet.

Bulgarien ist stolz auf seine weltbekannten Wissenschaftler wie die Mathematiker Obreschkov und Tschakalov, den Sprachwissenschaftler Vladimir Georgiev, der zur Dechiffrierung des kretisch-mykenischen Schrifttums beigetragen hat, den Philosophen Todor Pavlov, den Züchter Christo Daskalov und viele andere.

Mit jedem neuen Tag werden für die bulgarische Wissenschaft neue materielle Bedingungen, gesellschaftliche Voraussetzungen und Perspektiven für noch größere Erfolge in der Forschungsarbeit geschaffen, die den wissenschaftlich-technischen Fortschritt zum Wohl des bulgarischen Volkes entwickelt.

LITERATUR

Die Anfänge der bulgarischen Literatur liegen in einer Zeit, die durch ein ganzes Jahrtausend von uns getrennt ist, als die Brüder Kyrill und Method (855) auf der Grundlage der Sprache der slawisch-bulgarischen Bevölkerung der Balkanhalbinsel das slawische Alphabet schufen. Die beiden großen Volksbildner stießen das bis dahin geltende Dogma um, daß die Heilige Schrift nur auf hebräisch, altgriechisch und lateinisch geschrieben und gelesen werden dürfe. Kultur und Schrifttum wurden auch den übrigen »barbarischen« Völkern zugänglich gemacht. Mit dem slawisch-bulgarischen Schrifttum beschritt das bulgarische Volk entschlossen den Weg des Fortschritts, und die Literatur gelangte zu hoher Blüte in der Epoche, die als das »Goldene Zeitalter Bulgariens« bekannt ist. »O pismenach« (Die Buchstaben) des Mönches Chrabr ist das erste literarische Werk, das durch sein patriotisches Pathos und seinen künstlerischen Elan, durch die tiefe Erudition und eiserne Logik des Autors beeindruckt; die Verse des Bischofs Konstantin wie auch das »Hexameron« von Johannes dem Exarchen haben als literarische Werke einen religiösen Anstrich und waren für ihre Zeit von nationaler Bedeutung. Heute sind sie als eine originelle Chronik ihrer Zeit anzusehen.

Trotz der Verheerungen während der byzantinischen Herrschaft, trotz der Tatareneinfälle entfaltete das bulgarische Volk im 13. und 14. Jahrhundert seine Kultur und schuf bemerkenswerte literarische Werke. Bulgarische Schriftsteller aus jener Zeit wie Patriarch Euthymios, Grigorij Zamblak, Konstantin Kostenetschki verfaßten Bücher weltlichen Charakters und mit realistischem Sujet. Besonders stark entwickelte sich die apokryphe Literatur. Verschiedene »ketzerische« Erzählungen und Legenden, die bis heute erhalten sind, setzen durch ihren künstlerischen Wert und ihren Ideenreichtum in Erstaunen. Doch die fünfhundertjährige osmanische Fremdherrschaft (1396—1878) wirkte sich auf die weitere Entwicklung der bulgarischen Literatur unheilvoll aus. Das einzige Anzeichen für das Bestehen des künstlerischen Wortes und Gedankens in dieser dunklen Zeit blieb die von Generation auf Generation mündlich überlieferte Volksdichtung, die den nationalen Geist des Bulgaren aufrechterhielt. Diese Volksdichtung wurde zu einer festen Grundlage für die weitere Entwicklung der bulgarischen Literatur, als Ende des 18. Jahrhunderts die nationalen Befreiungskämpfe gegen die osmanische Tyrannei immer mehr zunahmen.

Die Literatur der Zeit der Bulgarischen Wiedergeburt war ein Ausdruck der Sehnsucht des Volkes nach Freiheit. Sie war ihrem Wesen nach zutiefst demokratisch und revolutionär, denn sie stand im Einklang mit den Lebensinteressen des Volkes, mit seinem Drang nach nationaler und sozialer Befreiung, und verherrlichte nicht Könige und Herren, sondern das Volk selbst, das das Banner des Aufstands und der Freiheit erhoben hatte. Die glänzendsten Vertreter dieser Literatur sind Paissij Chilendarski, der Bischof Sophronius von Vraza, Neophyt Bosveli, Peter Beron, Georgi Rakovski, Ljuben Karavelov. Der größte unter ihnen aber ist und bleibt der Dichter und Revolutionär Christo Botev.

Die neueste Literatur Bulgariens setzt die gesunden realistischen Traditionen der Klassik fort, die uns von Christo Botev, Ivan Vasov, Aleko Konstantinov, Elin Pelin, Jordan Jovkov, Anton Straschimirov, Peju K. Javorov und anderen Dichtern und Schriftstellern vom Ende des vorigen und Anfang dieses Jahrhunderts überliefert wurden.

Die ergreifenden Dichtungen Botevs begeistern und inspirieren auch heute die bulgarischen Schriftsteller, auch heute erziehen sie die Jugend zu Patriotismus und Freiheitsliebe. Die bemerkenswerte Prosa und Poesie Ivan Vasovs, des Altvaters der bulgarischen Literatur, sind auch heute noch eine unerschöpfliche Schatzkammer und eine Schule für die neuen Schriftstellergenerationen.

Ohne diese Kontinuität, wie auch ohne die neuen historischen Aufgaben, die das Land in den Jahren nach dem Ersten Weltkrieg zu bewältigen hatte,, wäre die Dichtung Christo Smirnenskis — eine Dichtung der sozialen Gerechtigkeit und des Aufbegehrens des Volkes gegen Ausbeutung und Tyrannei — nicht zu erklären; undenkbar wäre auch das Schaffen Nikola Vapzarovs, das gänzlich den revolutionären Kämpfen der Arbeiterklasse für Freiheit und Glück, gegen die Brutalität und Grausamkeit des Faschismus und den Sittenverfall der bürgerlichen Welt gerichtet ist. Smirnenski und Vapzarov waren Vertreter der jüngsten Richtung in der bulgarischen Literatur — des sozialistischen Realismus. Sie wurden zu Lehrern der folgenden Dichter- und Schriftstellergenerationen, der Schöpfer der zeitgenössischen bulgarischen Literatur.

Die heutige bulgarische Literatur läßt sich von dem Prinzip leiten, die Probleme, die heute das ganze Volk, das den Weg des Sozialismus und des Kommunismus beschritten hat, bewegen, wahrheitsgetreu und allseitig widerzuspiegeln.

In den letzten dreißig Jahren erlebte Bulgarien einen großen kulturellen Aufschwung. Die schöpferische Kraft des Volkes entfaltete sich in breiter Front. Die Volksmassen wurden zum kulturellen Leben herangezogen, in der Literatur und den anderen Künsten tauchten neue Talente auf; das geistige Interesse von Millionen Lesern erwachte. Und das gab den Literaturschaffenden, für die beste Voraussetzungen für schöpferische Tätigkeit geschaffen wurden, noch größeren Antrieb. Und wenn Zahlen hier etwas bedeuten, so wollen wir erwähnen, daß in dem kleinen Bulgarien in den Jahren der Volksmacht (September 1944 bis 1973) fast 90000 Titel mit einer Auflagenhöhe von über 820 Millionen erschienen sind.

In dreißig Jahren freien Lebens entwickelte sich die bulgarische Literatur in allen Genres: Poesie, Belletristik, Drama, Filmdrehbücher, Kinderliteratur. Führend sind Belletristik und Poesie.

Einen besonders großen Aufschwung nahm der bulgarische Roman. Während er früher in der Literatur an letzter Stelle stand, nimmt er heute einen der ersten Plätze ein. Neue Romane wie »Gewöhnliche Menschen« von Georgi Karaslavov, »Tabak« und »Verurteilte Seelen« von Dimiter Dimov, »Ivan Kondarev« von Emilian Stanev, die Trilogie »Der Eiserne Leuchter«, »Die Glocken von Prespa« und »Eliastag« von Dimiter Talev, »Das goldene Zeitalter« von Andrej Guljaschki, »Zwei in der neuen Stadt« von Kamen Kaltschev, »Das Dorf beim Werk« von Stojan Z. Daskalov, die Romane von Bogomil Rainov, die Novellen von Pavel Veshinov, die Erzählungen von Jordan Raditschkov und viele andere sind nicht nur eine beliebte Lektüre der Bulgaren, sondern werden auch im Ausland, wo sie übersetzt und in hohen Auflagen herausgegeben wurden, gern gelesen.

Die bulgarische Dichtung, die an ruhmreiche Traditionen aus der Vergangenheit anknüpft, ist ebenfalls im Aufschwung. Die Phalanx begabter Gegenwartsdichter ist beeindruckend. Wir wollen hier folgende Namen nennen: Elisaveta Bagrjana, Nikola Furnadshiev, Christo Radevski, Valeri Petrov, Vesselin Hantschev, Vesselin Andreev, Alexander Gerov, Blaga Dimitrova, Georgi Dshagarov, Dimiter Metodiev, Boshidar Boshilov, Penju Penev, Pavel Matev, Ivan Radoev, Ivan Davidkov, Anastas Stojanov, Ljubomir Levtschev, Matej Schopkin, Peter Karaangov und Andrej Germanov, deren Schaffen Tausende und aber Tausende bewegt und begeistert.

Das bulgarische Volk liebt und achtet nicht nur seine Dichter und Schriftsteller. Es liest auch die Werke der Größten der Weltliteratur. In den letzten dreißig Jahren erschienen in Bulgarien in Übersetzung über 9000 Bände der Weltliteratur mit einer Auflagenhöhe von 70 Millionen. In derselben Zeitspanne wurden 1000 bulgarische Werke übersetzt und im Ausland herausgegeben.

Die bulgarische Literatur und Kunst, vom Vertrauen in die Zukunft getragen, sind nicht apolitisch, Rassenhaß und Diskrimination sowie jegliche Duldsamkeit gegenüber der Unterdrückung und Ausbeutung des Menschen durch den Menschen sind ihnen fremd. Den realistischen Traditionen der Vergangenheit treu und mit den Methoden des sozialistischen Realismus gewappnet, besitzen sie hohen Ideengehalt und künstlerischen Wert. Das macht sie zu einer Literatur und Kunst der Freiheit, des Friedens und der Brüderlichkeit zwischen den Völkern, zu einer Literatur und Kunst der Zukunft.

THEATER

Als eine Kunst von gesamtnationaler Bedeutung entwickelte sich das Theater in Bulgarien Mitte des 19. Jahrhunderts. 1856 fanden in den »Tschitalischta« (eine Art Kulturhaus) in Lom, Svischtov und Schumen die ersten Theateraufführungen statt. Die Organisatoren dieser Aufführungen waren die Volksbildner Krastju Pischurka, Sava Dobroplodni und andere. Auf den Bühnen der »Tschitalischta« begann man bulgarische Stücke zu spielen. Die begabtesten Bühnendichter waren Dobri Voinikov und Vassil Drumev. Die ersten bulgarischen Stücke und Aufführungen sollten das Nationalbewußtsein und den Patriotismus des Volkes wecken und es aufrufen, gegen die Unterdrücker, für Freiheit, Unabhängigkeit und Recht zu kämpfen. So stellte sich das bulgarische Theater schon von Anfang an in den Dienst des Volkes. Durch die Bemühungen einer ganzen Reihe von begabten Bühnenschaffenden wurden gesunde demokratische und realistische Traditionen geschaffen, die sich bis heute als charakteristisches Merkmal des bulgarischen Theaters erhalten haben.

Nach Bulgariens Befreiung von der osmanischen Fremdherrschaft wurden das Nationaltheater in Sofia, die Theater in Plovdiv, Burgas, Varna und Russe wie auch einige Wandertruppen gegründet. In den ersten Jahrzehnten unseres Jahrhunderts gelangten neben den bedeutendsten Werken der Weltliteratur auch Stücke namhafter bulgarischer Schriftsteller wie Ivan Vasov, Petko Todorov, Anton Straschimirov, Peju K. Javorov, Stefan Kostov, Jordan Jovkov, Ratscho Stojanov und anderer zur Aufführung. Einige dieser Werke stehen auch heute noch auf den Spielplänen unserer Theater.

Aus dieser Zeit sind so hervorragende Schauspieler und Regisseure wie Ivan Popov, Vassil Kirkov, Adrana Budevska, Vera Ignatieva, Sava Ognjanov, Krastju Sarafov Batschvarov und Christo Gantschev unvergeßlich geblieben.

Trotz des faschistischen Obskurantismus bewahrte sich das bulgarische Theater seinen fortschrittlichen Charakter. Seine Mittel und Möglichkeiten blieben jedoch beschränkt. Am 9. September 1944 gab es in Bulgarien 13 Theaterensembles.

Der Sieg der sozialistischen Revolution entfesselte auch die schöpferischen Kräfte der Bühnenschaffenden, und die große Liebe des Volkes zum Theater sowie die Fürsorge des Staates bildeten die fruchtbare Grundlage, auf der sich das bulgarische Theater voll entfalten konnte. Die Mittel, die der Staat für den Unterhalt der Theater bereitstellte, betragen das Dreißigfache der Mittel, die der bürgerliche Staat zur Verfügung stellte.

Bulgarien besitzt jetzt 53 staatliche Theater und mehrere staatliche Zirkusse. Die Theaterhochschule VITIS wurde gegründet, aus der jedes Jahr begabte Schauspieler, Regisseure, Dramaturgen und Puppenspieler hervorgehen. Hinsichtlich der Zahl der kulturellen Einrichtungen im Verhältnis zur Bevölkerungszahl nimmt Bulgarien einen der ersten Plätze in der Welt ein. Die Theateraufführungen einer Saison werden von rund 5,9 Millionen Zuschauern besucht, während es im Jahre 1939 nur 1,5 Millionen waren.

Die größte Errungenschaft des bulgarischen Theaters ist heute die Weiterentwicklung der demokratischen realistischen Traditionen und das nationale Gesicht, das das Theater durch das zeitgenössische bulgarische Drama erhalten hat. Auf den Spielplänen stehen immer wieder die Stücke »Alarm«, »Liebe« und »Glück« von Orlin Vassilev, »Zarengnade«, »Ivan Schischman« und »Kalojan« von Kamen Sidarov, »Stein im Sumpf« und »Stechapfel« von Georgi Karaslavov, »Der Schuldige« und »Rast in Arco Iris« von Dimiter Dimov, »Reise zur Wahrheit«, »Kundschafter« und »Glimmende Kohle« von Losan Strelkov, »An jedem Herbstabend« von Ivan Pejtschew, »Pfade« von Nikolai Haitov, »Wenn die Rosen tanzen« von Valeri Petrov, »Der Staatsanwalt« von Georgi Dhsagarov, »Beruf für Engel« von Dragomir Assenov und viele andere Gegenwartsdramen.

Nie zuvor hat es in der bulgarischen Bühnendichtung einen solchen Reichtum an Themen, Gestalten und Ideen gegeben.

Kennzeichnend für das zeitgenössische bulgarische Drama ist, daß es seine Themen und Helden vorwiegend der Gegenwart entnimmt. Hier besteht vielleicht mehr als bei anderen Literaturgattungen die Möglichkeit, scharfe Konflikte zwischen dem Alten und dem Neuen in unserem Leben darzustellen. Deshalb erwartet das Publikum jedes neue Stück eines bulgarischen Autors mit Interesse, und die Bühnen sind immer bereit, es aufzuführen. Dieses Interesse regt die Schriftsteller an, und sie machen in diesem schwierigen Genre ernsthafte und rasche Fortschritte. Erwähnenswert ist, daß unsere Theater in 29 Jahren über 700 neue Stücke von fast 300 zeitgenössischen bulgarischen Autoren inszeniert haben, während in den Jahren 1904 bis 1944 nur 210 bulgarische Stücke von etwa 85 Autoren aufgeführt wurden.

Die Theaterschaffenden sind von der Liebe und Sorge des Volkes und des Staates umgeben. Auf der Bühne setzten sich talentierte Darsteller durch, auf die unser Volk mit Recht stolz ist: Sorka Jordanova, Petja Gerganova, Olga Kirtscheva, Rusha Deltscheva, Margarita Duparinova, Georgi Georgiev, Stefan Gezov, Georgi Kalojantschev, Tanja Massalatinova, Andrej Tschaprasov, Ljuben Kabaktschiev, Slavka Slavova und viele andere. Große Verdienste um die Entwicklung des bulgarischen Theaters haben die Regisseure Bojan Danovski, Philipp Philippov, K. Mirski, M. Beniesch u. a.

Auf den bulgarischen Bühnen werden auch klassische und moderne Werke der Weltliteratur aufgeführt. Stücke von Shakespeare, Molière, Schiller, Ibsen, Puschkin, Gogol, Tschechow, Gorki, Shaw, Brecht und vielen anderen werden immer wieder gespielt. In den letzten dreißig Jahren wurden über 300 sowjetische Stücke von etwa 200 Autoren und über 70 Stücke von 20 Autoren der russischen Klassik inszeniert. Daneben kommen auch viele zeitgenössische französische, italienische, amerikanische u. a. Stücke zur Aufführung.

All das macht das Theater — zieht man die Zahl seiner Besucher in Betracht — zu einer Schule für die allseitige ideologische, sittliche und ästhetische Erziehung des Volkes.

MUSIK

Das bulgarische Volk hat immer Lieder im Herzen getragen. Stets war das Lied sein Begleiter — in den größten Augenblicken seiner Geschichte, in Freud und Leid, im Krieg, bei Hochzeiten und Kindtaufen... Das Lied beschwingte seinen Geist, es ließ Schmerz und Kummer tapferer tragen und Freude tiefer empfinden. Schon im frühen Mittelalter begleitete die Musik nicht nur jeden geistlichen Akt und die kirchlichen Feiertage, sondern übte auch auf die Entwicklung der ostkirchlichen Musik bedeutenden Einfluß aus.

Auch in den Jahren der düsteren osmanischen Fremdherrschaft versiegte das Volksschaffen nicht, und niemals verstummte das Lied. Doch meist waren es Klagelieder, erfüllt von unermeßlicher Trauer und voller Sehnsucht nach Freiheit.

Kennzeichnend für das gesamte Musikschaffen sind die eigenartige Melodik, der spezifische metrorhythmische Reichtum, von dem die bulgarischen asymmetrischen Taktarten 5/8, 7/8, 9/8, 11/8 sowie die verlängerten Taktzeiten 8/8, 10/8, 12/8 usw. zeugen. Das Volk hat auch hieran einen großen Anteil. Und wieviel weiter wäre es gekommen, hätten das fremde Joch und später der faschistische Obskurantismus seiner Kraft nicht Fesseln angelegt! Denn die Kunst braucht sowohl die Freiheit der schöpferischen Aussage als auch materielle Sicherheit.

Was zeigen die Tatsachen?

Bis zum Zweiten Weltkrieg gab es in Bulgarien nur eine Staatsoper und ein ständiges Sinfonieorchester. Daneben versuchten verschiedene selbständige Truppen sich eine Existenz zu sichern, längere Zeit hielt sich aber nur das von fortschrittlichen Künstlern gegründete Kooperative Operettentheater, das in den Jahren der faschistischen Diktatur fast ganz zum Verstummen gezwungen wurde. Jetzt wirken in dem kleinen Bulgarien sechs Opern (in Sofia, Plovdiv, Varna, Russe, Stara Sagora und Burgas), ein staatliches Operettentheater (in Sofia), drei durch Berufssänger verstärkte Laienopern (in Burgas, Sliven und Vraza) und sieben staatliche Sinfonieorchester in den größeren Bezirksstädten des Landes. Die musikpädagogische Tätigkeit ist im Bulgarischen Staatlichen Konservatorium, den staatlichen Musikschulen und den Kindermusikschulen konzentriert. Die Opern- und Operettenvorstellungen werden jährlich von über 850 000 und die Konzerte der Sinfonieorchester und anderer Ensembles von fast 350 000 Menschen besucht. Rund 4 Millionen Besucher zählen die von der Generaldirektion für Musik veranstalteten Konzerte.

Das ist ein Kennzeichen für den großen Aufschwung der musikalischen Kultur, die den breitesten Schichten des bulgarischen Volkes zugänglich geworden ist. Das Streben eines musikbegabten Volkes, seine Gaben zu entwickeln, wurde in die Politik des Staates eingeschlossen. Es ist kein Zufall, daß die verflossenen dreißig Jahre freien Lebens und schöpferischer Entfaltung der bulgarischen Musik Anerkennung in der ganzen Welt brachten.

Mit Recht ist unser Volk stolz auf die weltbekannten Sänger Nikolai Gjaurov, Raina Kabaivanska, Julia Wiener, Nadja Afejan, Liliana Bareva, Assen Selimski u.a., auf die Quartette Avramov und Dimov wie auch auf die jungen Instrumentalisten Emil Kamilarov (Träger des Paganini-Preises), Juri Bukov, Dina Schneidermann, Georgi Badev, Stoika Milanova, Nikolai Evrov, Dora Milanova, Milena Mollova und andere.

Zahlreich sind die Gold- und Silbermedaillen, die Urkunden und Diplome, die bulgarische Musikensembles und Solisten auf internationalen Wettbewerben und Weltfestspielen errungen haben.

Die sozialistische Revolution bahnte nicht nur den Musikinterpreten den Weg, sie brachte nicht nur die Musik den breiten Volksmassen nahe, sondern schuf auch Voraussetzungen für eine breite Entfaltung des schöpferischen Talents unserer Komponisten. Früher waren die Namen der bulgarischen Komponisten im Ausland sowohl Fachleuten als auch Musikliebhabern fast unbekannt. Jetzt sind bei uns eine Reihe Komponisten am Werk, deren Zahl immer größer wird.

Nie stand den bulgarischen Opern- und Operettenbühnen eine so große Auswahl an Werken zeitgenössischer bulgarischer Komponisten zur Verfügung wie jetzt. Auf dem Gebiet der Oper und der Operette sind viele Komponisten tätig. Die namhaftesten von ihnen sind Ljubomir Pipkov, Paraschkev

Hadshiev, Marin Goleminov, Pantscho Vladigerov, Vesselin Stojanov, Konstantin Iliev, Viktor Raitschev und Assen Karastojanov.

Zahlreiche bulgarische sinfonische Werke, Kantaten und Oratorien haben die Prüfung der Zeit bestanden und gehören zum festen Bestand der Konzertprogramme. Auf diesem Gebiet wirken sowohl alte namhafte Komponisten wie Professor Petko Stainov und Professor Pantscho Vladigerov als auch viele Begabungen mehrerer Generationen einschließlich der jüngsten, die erst kürzlich das Konservatorium verlassen haben. Populäre und beliebte Komponisten, Schöpfer sinfonischer Musik, sind Philipp Kutev, Vesselin Stojanov, Bojan Ikonomov, Paraschkev Hadshiev, Marin Goleminov, Alexander Raitschev, Lasar Nikolov, Konstantin Iliev, Dimiter Christov, Vassil Kasandshiev, Ivan Marinov, und auf dem Gebiet der Kantate und des Oratoriums haben sich besonders Ljubomir Pipkov, Svetoslav Obretenov, Alexander Raitschev und Todor Popov einen Namen gemacht.

Auch das Lied, das die demokratischen Tendenzen der bulgarischen Gegenwartsmusik am deutlichsten zum Ausdruck bringt, bleibt in seiner Entwicklung nicht zurück. Das Massenlied wurde in der Revolution, in den Kämpfen des Volkes für Freiheit und Glück geboren. Lieder dieser Art werden viele geschrieben, als bekannteste Komponisten nennen wir Georgi Dimitrov, Svetoslav Obretenov, Todor Popov, Paraschkev Hadshiev, Assen Karastojanov, Alexander Raitschev, Dimiter Petkov. Ihre Lieder erklingen in den Klassenzimmern, auf den Baustellen, in den Werkhallen und auf den Feldern — überall dort, wo das Volk baut und für seine Zukunft kämpft.

Das gesamte Schaffen der bulgarischen Komponisten zeichnet sich vor allem durch Realismus und Volkstümlichkeit aus. Unter Wahrung der Musiktraditionen nehmen die zeitgenössischen bulgarischen Komponisten kühn den neuen Menschen unserer Zeit in ihr Werk auf. Das Pathos des Staatsbewußtseins in der neuen Musik steht im Einklang mit den großen revolutionären Umwälzungen im Leben des Landes und des Volkes. Zugleich bemühen sich die bulgarischen Komponisten heute um eine aktive Aneignung der fortschrittlichen Tendenzen in der modernen Musik der Welt und vor allem der sowjetischen Musik. Selbstverständlich nimmt das nicht die Form einer zum Selbstzweck gewordenen Nachahmung an, im Gegenteil, die Komponisten bewahren ihre Individualität, und ihre Werke erhalten einen neuen ideologischen Inhalt und eine neue Melodik.

In Bulgarien wurden mehrmals internationale Wettbewerbe für junge Opernsänger veranstaltet. Diese schöne Initiative wird auch in Zukunft fortgesetzt werden.

FILMKUNST

Der Film ist die jüngste und in die breitesten Massen dringende Kunst in Bulgarien. Zwar wurde schon vor fünfzig Jahren ein Versuch gemacht, den bulgarischen Film ins Leben zu rufen, doch da er beim Staat weder moralische noch materielle Unterstützung fand, blieb er einer Handvoll Enthusiasten überlassen, denen es an Mitteln mangelte. So konnte sich das Filmschaffen nicht entwickeln, während die Lichtspielhäuser in den Händen profitsüchtiger Kaufleute waren.

Mit dem Sieg der Revolution änderte sich die Lage von Grund auf. Der Film wurde zur Sache des sozialistischen Staates und dem ganzen Volk zugänglich. Die Herstellung und Verbreitung von Filmen obliegt dem Staat, der alle organisatorischen, wirtschaftlichen und kulturellen Funktionen ausübt. Ihm gehört auch das gesamte Netz der Lichtspiehäuser im Lande. In Bulgarien werden Filme gedreht, die mit den besten Streifen in der Welt wetteifern können, denn sie stehen ideologisch auf hohem Niveau, ergreifen die Zuschauer, erwecken in ihnen edle Gefühle und regen zum Nachdenken an. Wie bei jeder schöpferischen Tätigkeit, gibt es auch hier Erfolge und Fehlschläge, doch die ansteigende Tendenz läßt nicht nach. Nennen wir einige Ziffern.

In den Jahren der Volksmacht wurden über 160 Spielfilme, 2183 Kurzfilme und 1432 Wochenschauen gedreht. Jährlich werden jetzt etwa 12 Spielfilme, 120 populärwissenschaftliche Dokumentar- und Trickfilme und 63 Wochenschauen hergestellt.

Für eine junge Filmproduktion, deren Kader eben erst Erfahrungen gesammelt haben, ist das nicht wenig. Ihre Entwicklung widerspiegelt die Fürsorge des Staates, die Begeisterung und das Talent der Filmschaffenden. Die bulgarische Filmproduktion verfügt über eine solide, modern ausgerüstete Basis, über ausgebildete Regisseure und technische Kader und hervorragende Darsteller, und sie stützt sich auf die schöpferische Hilfe der bulgarischen Drehbuchautoren. Die Probleme des Films behandelt die Zeitschrift »Kino-Iskustvo« (Filmkunst), und die Filmschaffenden sind in einem Verband zusammengeschlossen. All das ermöglichte es, künstlerisch wertvolle Filme zu schaffen. Einige sind den heldenhaften Kämpfen des Volkes gewidmet, wie »Kalin der Adler«, »Unter dem Joch«, »Septemberkämpfer«, »Die Equipage der Nadeshda«, »Alarm«, »Der Kommandeur der Abteilung«, »Lied vom Menschen«, »Auf der kleinen Insel«, »An einem stillen Abend«, »Das Haus an den beiden Straßen«, »Tabak«, »Wir waren jung«, »Der eingefangene Schwarm«, »Erste Lehre«, »Der achte«, die Fernsehfilmserie »An jedem Kilometer« und noch viele mehr. Andere, wie »Morgen über der Heimat«, »Dimitroffgrader«, »Ritter ohne Panzer«, »Der unruhige Weg«, »Geständnis«, »Abweichung«, »Das Ziegenhorn«, »Liebe«, »Der Inspektor und die Nacht«, zeigen die Konflikte und das Pathos unserer Zeit. Ein Stolz des bulgarischen Filmschaffens sind die Filme »Die Helden vom Schipkapaß«, »Lehre der Geschichte« und »Am Vorabend«, die in unmittelbarer Zusammenarbeit mit der sowjetischen Filmproduktion geschaffen wurden. Bulgarische Filme erhielten auch hohe internationale Anerkennung. In mehr als siebzig Ländern werden bulgarische Filme gezeigt. Den Filmen »Kalin der Adler«, »Alarm«, »Septemberkämpfer«, »Wir waren jung«, »Die Helden vom Schipkapaß«, »Sterne«, »Sonne und Schatten«, »Der Pfirsichdieb«, »Ritter ohne Panzer«, »Abweichung«, »Liebe« und »Das Ziegenhorn« sowie vielen populärwissenschaftlichen und Dokumentarfilmen wurden internationale Preise verliehen.

Sehr rasch wuchs das Netz der Lichtspielhäuser. Von 155 im Jahre 1939 stieg die Zahl der Kinos auf 3586 im Jahre 1973. 88 Prozent davon entfallen auf die Dörfer, in denen es früher nur 32 Kinos gab. Es ist daher nicht zu verwundern, daß die Zahl der Kinobesucher in diesen Jahren von 13 Millionen (1939) auf über 114 Millionen (1973) anwuchs. Das bedeutet, daß jeder erwachsene Einwohner durchschnittlich zweimal im Monat ins Kino geht.

Außer den bulgarischen und sowjetischen Filmen sowie den Filmen der sozialistischen Länder kennt der bulgarische Kinobesucher auch die Werke der fortschrittlichen Filmproduktion Italiens, Frankreichs, Englands und anderer Länder.

Gestützt auf das Talent und die Kühnheit der schöpferischen Intelligenz, der Meister der Filmkunst, und die allseitige Hilfe des Staates, geht der bulgarische Film, von der Filmkunst der anderen Länder lernend, neuen bedeutenden Erfolgen entgegen.

BILDENDE KUNST

Vor der Gründung des bulgarischen Staates entfalteten sich in den heutigen Gebieten Mösiens, Thrakiens und Makedoniens jahrhundertelang verschiedene Kulturen, die die unterschiedlichen Stufen der politisch-gesellschaftlichen Entwicklung, die Bräuche und Sitten widerspiegelten. Obwohl sie sich gegenseitig beeinflußten, brachte jede etwas Eigenes hinsichtlich Stil, Form und Inhalt und bewahrte zugleich ihre Eigenständigkeit. Die ersten Kunstdenkmäler auf dem Gebiet des bulgarischen Staates schufen die Thraker, die Römer und die Byzantiner. Diese Völker hinterließen uns so wertvolle Denkmäler wie das Grabmal von Kasanlak aus dem 4. Jahrhundert v. u. Z., das Grabmal bei Mesek aus dem 4. Jahrhundert v. u. Z., den Goldschatz von Panagjurischte, ebenfalls aus dem 4. Jahrhundert v. u. Z., das Grabmal von Silistra aus dem 4. Jahrhundert, die Kirchen »Sveti Georgi« (3.—4. Jahrhundert) und »Sveta Sofia« (4. Jahrhundert) in Sofia. Aus der Römerzeit stammen die Städte Nicopolis ad Istrum (2.—4. Jahrhundert), Oescus (1.—6. Jahrhundert) und Abrittus (1.—4. Jahrhundert), die ausgegraben wurden. Diese prächtigen Denkmäler haben die bulgarische Kunst beeinflußt und zur Entstehung einheimischer Traditionen beigetragen, die später die Grundlage der bulgarischen Kunst bildeten.

Eigene Traditionen besaßen auch die Slawen, die sich im 5. bis 6. Jahrhundert auf der Balkanhalbinsel ansiedelten, und die Altbulgaren, die im 7. Jahrhundert auf den Balkan kamen, sich mit den slawischen Stämmen verbündeten und mit ihnen den Slawisch-Bulgarischen Staat gründeten. Die Entwicklung der bulgarischen monumentalen Architektur und der Holzschnitzkunst im frühen Mittelalter weist vor allem Züge der Kunst der Altbulgaren und der Slawen auf. Die reichen Traditionen in der Goldschmiedekunst, in der sepulkralen und dekorativen Skulptur der Altbulgaren sowie in der ornamentalen und dekorativen Kunst der Slawen sind die Quelle, aus der die bulgarische Kunst schöpft.

Wenn bei den ersten Denkmälern der bulgarischen Kunst ihr rauher und strenger Charakter ins Auge fällt, so haben die Bulgaren doch unter dem Einfluß der vorgefundenen Kulturen ihre Ideen in der Kunst bereichert, ihren künstlerischen Sinn und ihre berufliche Meisterschaft vervollkommnet und bemerkenswerte eigenständige Kunstwerke und Baudenkmäler geschaffen.

In Pliska und Preslav, den Hauptstädten des Slawisch-Bulgarischen Staates, standen prächtige Paläste, geschmückt mit Skulpturen, Wandmalereien, bunten Marmor- und Keramikmosaiken, pflanzlichen und geometrischen Ornamenten. Ein wahres Meisterwerk der frühen bulgarischen Kunst ist die bis heute erhaltene bemalte Keramik-Ikone des »Heiligen Theodor« von Patlejna in Preslav (10. Jahrhundert). Aus dieser Zeit datiert auch das als der »Reiter von Madara« bekannte monumentale Felsenrelief. Der von kunstfertigen Händen geschmiedete bulgarische Goldschatz, der in der Nähe von Nagy Szent Miklos in Ungarn gefunden wurde, stammt aus derselben Epoche.

Berühmt sind durch ihre Wandmalereien die Grabkirche des Bačkovo-Klosters (11.—12 Jahrhundert), die Kirchen bei den Dörfern Berenda (13. Jahrhundert) und Kalotino, die Fresken der Felsenkirche in der Nähe des Dorfes Ivanovo, Bezirk Russe (14. Jahrhundert), die Kirche »Sveti Georgi« in Sofia (3.—4. Jahrhundert) und andere. Noch heute rufen die rauhen, irdisch und gebieterisch wirkenden Gestalten in der Klosterkirche von Semen (14. Jahrhundert), die in gelbbraunen Farbtönen gemalt sind, Bewunderung hervor. Doch das eindrucksvollste und originellste Denkmal der bulgarischen bildenden Kunst des Mittelalters sind die Wandmalereien in der Kirche von Bojana bei Sofia. Diese im Jahre 1259 von einem Meister aus Tarnovo gemalten Fresken strahlen Liebe zum Leben und zu den Menschen aus. Die Gestalten in der Kirche von Bojana unterscheiden sich in Konzeption und Zeichnung grundlegend von der traditionellen byzantinischen Malerei und sind Vorläufer des humanitären Geistes der großen Kunst der italienischen Renaissance im 14. Jahrhundert.

Aus der Schule von Tarnovo stammen auch die Miniaturen der Chronik des Manasses (jetzt im Vatikan), die aus dem Griechischen übersetzt und 1344/45 illustriert wurde. Sie sind der Phantasie eines bulgarischen Meisters entsprungen und beziehen sich auf die Geschichte des bulgarischen Volkes. Auch die Miniaturen des Evangeliars des Ivan Alexander, das 1356 in Tarnovo geschrieben wurde und sich jetzt in London befindet, sind ein Werk der Schule von Tarnovo. Die bulgarische Miniaturenmalerei zeichnete sich durch charakteristische Züge und einen eigenen Stil aus, in der Wissenschaft als »bulgarischer teratologischer Stil« bekannt, der Verbreitung fand und sich lange Zeit in Rumänien, Rußland und anderen Ländern hielt. Die Holzschnitzerei, die Goldschmiedekunst und andere Kunsthandwerke standen gleichfalls in hoher Blüte. Besonders deutlich zeigt sich das große Können der Holzschnitzer in dem Flechtwerk aus menschlichen und Tierfiguren an den Türen der Kirche »Sveti Nikola« in Ohrid, an der Tür des Chreljo-Turms im Rila-Kloster und anderwärts.

Wie mächtig hätte sich wohl der schöpferische Genius des bulgarischen Volkes entfaltet, wenn sich nicht der düstere Schatten der fünfhundertjährigen osmanischen Fremdherrschaft über das Land gesenkt hätte! Nicht nur die Entwicklung der bulgarischen Kultur wurde gehemmt, sondern auch die in den bulgarischen Gebieten geschaffenen kulturellen Werte fielen der Vernichtung anheim. Doch auch die wenigen erhalten gebliebenen Denkmäler legen Zeugnis ab von der hohen Begabung und dem Kunstsinn des bulgarischen Volkes.

Die Anfänge der zeitgenössischen bildenden Kunst liegen in der Epoche der Nationalen Wiedergeburt, im 19. Jahrhundert. Die bildende Kunst entwickelte sich nach den gleichen sozialen Gesetzen wie die Literatur und trug zum allmählichen Erwachen des Nationalbewußtseins bei, bis sich das Volk zum Kampf gegen die Fremdherrschaft erhob. Die Kunst einer solchen Epoche kann nicht anders sein als realistisch, dem Geist und den Ideen nach eng mit den Kämpfen des Volkes verbunden. Die Pioniere auf diesem Gebiet waren Zacharij Zograph (1810—1853), Stanislav Dospevski (1823—1878), Dimiter Dobrovitsch (1816—1905), Nikolai Pavlovitsch (1835—1894), Georgi Dantschov (1846—1908) und Christo Zokev (1847—1883). Viele ihrer Wandmalereien, Porträts, Ikonen und Lithographien haben nicht nur historische Bedeutung, sie stellen auch hervorragende Beispiele der bildenden Kunst dar. Der demokratische Charakter des Schaffens der Pioniere wurde nach der Befreiung des Landes von der Osmanenherrschaft von Generationen von Malern übernommen.

In den neunziger Jahren des 19. Jahrhunderts entstanden im befreiten Bulgarien Voraussetzungen für einen neuen Aufschwung der bildenden Kunst. Die Zeitschrift »Iskustvo« (Kunst) erschien, eine staatliche Malschule wurde eröffnet.

Die neuen Verhältnisse brachten neue ästhetische Probleme mit sich. Das Genrebild, das das Leben des Volkes darstellte, rückte in den Vordergrund, der schlichte Kunststil der Wiedergeburtszeit wurde vom akademischen Stil und vom Impressionismus abgelöst.

Die bedeutendsten Künstler, die endgültig die Volksverbundenheit und das realistische Prinzip in der bulgarischen Malerei durchsetzten, waren Ivan Mrkvička (1856—1938), Anton Mitov (1862—1937), Ivan Angelov (1864—1924) und Jaroslav Vešin (1860—1915). Bilder wie »Ratscheniza« und »Allerseelen« von Mrkvička, »Schwur« und »Ernte« von Angelov, »Heiducken« und »Heimkehr vom Markt« von Vešin nehmen einen würdigen Platz im goldenen Fonds der bulgarischen Kunst ein. In einzelnen Werken wird der demokratische Realismus zur Kritik an den schweren, menschenunwürdigen Lebensbedingungen des Volkes.

Mit der Entwicklung des Kapitalismus in Bulgarien begannen die bildenden Künstler immer mehr die neuen sozialen Erscheinungen, die diese Entwicklung hervorbrachte, ins Auge zu fassen. Immer häufiger tauchten Bilder mit sozialen Motiven auf, die die grundlegenden Widersprüche der Epoche — den Widerspruch zwischen Arbeit und Kapital — widerspiegelten. Die Künstler richteten ihr Augenmerk nicht nur auf eine Typisierung, sondern auch auf die psychologische Stimmung, die den tiefen sozialen Konflikten in der gesellschaftlichen Entwicklung und im Schicksal des einzelnen Menschen entsprang. Zu dieser Generation gehören die großen bulgarischen Maler Zeno Todorov, Stefan Ivanov, Nikola Petrov, Nikola Marinov, Elena Karamichailova, Vladimir Dimitroff — der Meister und andere. Im ersten Jahrzehnt unseres Jahrhunderts entwickelten Nikola Petrov, Alexander Mutafov, Athanas Michov, Jordan Kjuvliev und andere die bulgarische Landschaftsmalerei.

Angesichts der sich verschärfenden Klassengegensätze und der Kämpfe zwischen den einzelnen Parteien entfaltete sich stark die politische Karikatur. Der Vater der bulgarischen Karikatur ist Alexander Boshinov, der sie zu einem selbständigen Genre entwickelte; bei Alexander Shendov, Stojan Venev, Boris Angeluschev und Ilija Beschkov wurde sie später zu einem politischen Faktor.

Während der Balkankriege und des Ersten Weltkrieges entwickelte sich die Schlachtenmalerei. Die ersten Pioniere auf diesem Gebiet waren Jaroslav Vešin und Anton Mitov, gefolgt von Vladimir Dimitroff — dem Meister, Nikola Marinov, Boris Denev, Alexander Mutafov, Simeon Velkov, Dimiter Gjudshenov, Athanas Michov, Ivan Lasarov und anderen. Die Grausamkeit und die Verheerungen des brudermordenden Krieges verwirrten nicht nur die Seelen der Künstler, sie kamen auch in ihren Werken zum Ausdruck. Einige von ihnen, die frei von Chauvinismus und Menschenhaß waren, schufen wertvolle Bilder, in denen der schlichte Mensch, der Mensch im Soldatenrock, im Mittelpunkt steht.

Ende des 19. und Anfang des 20. Jahrhunderts entwickelte sich auch die bulgarische Bildhauerei. Ihr Entstehen ist mit den Namen von Boris Schatz, Sheko Spiridonov und Marin Vassilev verknüpft, ihren Höhepunkt erreichte sie im Schaffen von Andrej Nikolov, Ivan Lasarov, Marko Markov, Ivan Funev, Ljubomir Daltschev und anderen.

In den Jahren zwischen den beiden Weltkriegen, von der Dramatik erbitterter Klassenkämpfe erfüllt, entstanden in der bildenden Kunst mehrere Richtungen.

Ivan Milev, Pentscho Georgiev, Ivan Penkov, Zanko Lavrenov und Slatju Bojadshiev wandten sich der Schönheit alter Sagen und Legenden zu und bedienten sich eines eigenständigen bulgarischen Stils. Andere Maler wie Nikola Ganuschev und Boris Mitov setzten die akademischen Traditionen fort und zogen das Porträt und den Akt vor. Wiederum andere, die den Bestrebungen des Volkes am nächsten standen stellten ihr Talent in den Dienst des allgemeinen revolutionären Stroms, der nach Freiheit und Fortschritt strebte. Ein typischer Vertreter dieser Zeit ist Alexander Shendov, dessen sozialer Protest sich auf kategorische Weise äußerte und ihn zu den Ideen und Kämpfen der Arbeiterklasse führte.

Die revolutionäre Thematik war auch im Schaffen vieler anderer Künstler zu finden. Zu ihnen gehören die Maler Ilija Beschkov, Stojan Venev, Ilija Petrov, Boris Angeluschev, Stojan Sotirov, Vesselin Staikov, Boris Ivanov, Pentscho Georgiev, Nenko Balkanski, Christo Stantschev, Georgi Popov, Bentscho Obreschkov und Alexander Stamenov, die Bildhauer Ivan Funev, Nikolai Schmirgela und andere.

So blieben die meisten bulgarischen Künstler auch in den dunkelsten Jahren der faschistischen Diktatur in ihrem Schaffen den wahren Interessen des Volkes treu und ließen sich weder von der menschenfeindlichen Ideologie des Faschismus noch von den modischen dekadenten Strömungen in der Kunst beeinflussen.

Der läuternde Strom der sozialistischen Revolution, die stürmische Entwicklung der Wirtschaft und Kultur und die wachsende Aktivität der Volksmassen verliehen der bulgarischen bildenden Kunst einen mächtigen Ansporn. Die Reihen der aktiven revolutionären Maler wurden von neuen jungen Kräften aufgefüllt, die Tausende Bilder schufen, aus denen der Donner der Revolution, die mächtige Stimme und die kühnen Träume und Taten des befreiten Volkes sprachen. Neben den neuen, eindrucksvollen Gemälden, Graphiken, Plakaten und anderen Werken von Alexander Shendov, Stojan Venev, Ilija Petrov, Ilija Beschkov, Boris Angeluschev, Nenko Balkanski, Vladimir Dimitrov — dem Meister, Detschko Usunov, Peter Petrov, Panajot Panajotov und Sdravko Alexandrov tauchten die reifen Werke der jungen Künstler Nikola Mirtschev, Alexander Poplilov, Marko Behar, Naiden Petkov und einer noch jüngeren Generation — Svetlin Russev, Dimiter Kirov, Georgi Baev, Violetta Maslarova, Joan Leviev, der Graphiker Athanas und Christo Neijkov, Todor Panajotov und anderer — auf.

Die Skulptur und insbesondere die monumentale Skulptur erreichte neue Höhen in den Werken der alten Garde: Andrej Nikolov, Ivan Lasarov, Marko Markov, Ivan Funev, Mara Georgieva, Vaska Emanuilova, Ivan Mandov, Vassil Radoslavov und Ljuben Dimitrov. Auch die jüngeren Bildhauer schufen Bedeutendes: Georgi Apostolov, Sekul Krumov, Vladimir Ginovski, Ilija Iliev, Nikola Tersiev und andere. Viele Statuen und monumentale Denkmäler — Werke bulgarischer Bildhauer und Architekten — schmücken die Zentren von Städten und Dörfern, Plätze und öffentliche Gärten.

Zahlreich sind die Namen der bulgarischen bildenden Künstler, die alle Genres und Stilrichtungen vertreten. Sie alle jedoch wenden schöpferisch die Methode des sozialistischen Realismus an und dienen mit ihrer Kunst ihrem Volk.

ARCHITEKTUR

Das Streben des bulgarischen Volkes nach Schönheit kommt auch in seiner Architektur zum Ausdruck. Schon in den ersten Jahrhunderten seines Bestehens schuf der junge bulgarische Staat, indem er seine Wirtschaft entwickelte, seine Kultur und damit zugleich auch seine Architektur.

Aufschluß über die frühbulgarische Architektur geben vor allem die Überreste von Palästen, Kirchen und öffentlichen Bauten der alten bulgarischen Hauptstädte Pliska (8. Jahrhundert), Preslav 9.—10. Jahrhundert) und Tarnovo (12.—14. Jahrhundert). Die Ruinen dieser Baudenkmäler — Steinmauern, Mosaiken, keramische und architektonische Bruchstücke — zeugen von monumentalen und klaren Formen, von hohen Leistungen der Architektur und Baukunst.

Die bulgarische Architektur und Baukunst entfalteten sich auf der Grundlage der Traditionen und Erfahrungen der Slawen und der Altbulgaren unter dem günstigen Einfluß des vorgefundenen antiken — thrakischen, griechischen und römischen — Erbes wie auch der byzantinischen Architektur. Eben in diesem komplizierten Prozeß der Selbstbehauptung und der schöpferischen Anwendung der Leistungen der anderen Völker entstand die eigenständige bulgarische Architektur.

Auch einige erhalten gebliebene Denkmäler aus dem Mittelalter — die Kirchen von Bojana (11. Jahrhundert) und Semen (12. Jahrhundert), das Bačkovo-Kloster (11. Jahrhundert), die Kirchen in Nessebar (10.—14. Jahrhundert), der Chreljo-Turm im Rila-Kloster (1335), die Festung Baba Vida bei

Vidin, die vermutlich aus dem 13.—14. Jahrhundert stammt, die Assen-Festung (11.—13. Jahrhundert) und andere — beweisen, daß zu dieser Zeit Architektur und Bauwesen in Bulgarien in hoher Blüte standen.

In dieser Epoche entwickelten sich Architektur und Baukunst in engstem Zusammenhang mit der Monumentalmalerei.

Wohnbauten aus dem Mittelalter sind nicht erhalten geblieben.

Dagegen sind aus der Zeit der bulgarischen Wiedergeburt zahlreiche Wohnhäuser erhalten, die davon zeugen, daß die Architektur in unserem Lande trotz der Fremdherrschaft einen Hochstand erreicht hatte. Im 18. und 19. Jahrhundert nahm der Bau von Wohnhäusern und Kulturbauten dank der raschen Entwicklung von Manufaktur, Handel und Kunsthandwerk und dem Erwachen des Nationalbewußtseins einen Aufschwung. Noch heute rufen die wunderschönen, reich verzierten zweistöckigen Häuser aus dieser Epoche in Plovdiv, Koprivschtiza, Trjavna, Veliko Tarnovo, Samokov, Melnik, Bansko und anderen Städten Bewunderung hervor.

Der Bau und die Ausschmückung der Häuser aus der Wiedergeburtszeit war untrennbar mit der Entfaltung der verschiedenen Zweige des Kunsthandwerks verbunden: der Holzschnitzerei, Kunsttischlerei, Goldschmiedekunst, Stickerei und Weberei. Diese Handwerke übten auf die Entwicklung der Architektur und auf die Innenausstattung des bulgarischen Hauses einen günstigen Einfluß aus.

Die Außenarchitektur jener Zeit ist schlicht, ausdrucksvoll und überzeugend. Die Gebäude sind gut gegliedert. Auf einem aus Steinen gefügten Fundament erheben sich meist zwei Stockwerke, deren Erker den Innenraum größer, die Fassade plastischer, die Umrisse mannigfaltiger gestalten und deren hölzerne Türen und Fensterrahmen, Säulen und Altanbrüstungen ein vollkommenes Ganzes bilden und sich harmonisch in die Umgebung einfügen.

Das originelle, gut durchdachte Innere weist bunte Wandmalereien, holzgeschnitzte Decken, Wandschränke und Türen auf.

Das Rila-Kloster, das eindrucksvollste und repräsentativste Baudenkmal, das die fortschrittlichsten Tendenzen in der Architektur der Wiedergeburtszeit vereint, ist in seiner heutigen Gestalt im 19. Jahrhundert wiederaufgebaut worden. Dieses Kloster ist das schönste Werk der bulgarischen Baukunst.

Hervorragende Baudenkmäler aus der Wiedergeburtszeit schuf Koljo Fitscheto, eine eigenständige Begabung, der die Herberge und den Konak (türkisches Verwaltungsgebäude) in Veliko Tarnovo, die Kirchen »Sveta Troiza« in Svischtov und »Sveti Konstantin i Elena« in Veliko Tarnovo, die Jantrabrücke bei Bjala und die Brücke in Lovetsch baute. Diese Bauwerke erwecken auch heute noch Bewunderung wegen ihrer straffen Komposition, ihrer Ausgewogenheit, ihrer beeindruckenden Formen und baulichen Gestaltung.

Die bulgarische Architektur der Wiedergeburtszeit, die die Leistungen und Traditionen auf dem Gebiet des Bauwesens und der Kunst fortsetzte, bildet auch die Grundlage für die Entwicklung der zeitgenössischen bulgarischen Architektur.

Die Befreiung Bulgariens von der osmanischen Fremdherrschaft bahnte der modernen Architektur den Weg. Im ganzen Lande entfaltete sich das öffentliche, private und genossenschaftliche Bauwesen. Es entstanden öffentliche Monumentalbauten und Kirchen, deren schönste der Justizpalast, die Universität, das Nationaltheater, die Nationalbibliothek und die Alexander-Newski-Gedächtniskirche in Sofia, das

Theater und der Bahnhof in Varna und andere sind. Doch die langsame wirtschaftliche Entwicklung während des Kapitalismus ermöglichten keine breite Entfaltung der Architektur und Baukunst.

Erst in den Jahren des Sozialismus, als der Sorge für den Menschen größte Aufmerksamkeit gewidmet wurde, nahm der Bau von Wohnhäusern, öffentlichen, Verwaltungs-, Wirtschafts- und Kulturbauten einen großen Aufschwung. In den letzten dreißig Jahren wurde der Wohnungsfonds des Landes fast gänzlich erneuert, die Städte wuchsen und verwandelten ihr Gesicht, die städtebauliche Planung und die architektonische Gestaltung veränderten sich. Neue Städte und Stadtviertel, neue Kurorte entstanden.

Ein neuer, lebensfroher Baustil entwickelte sich, der Zweckmäßigkeit, technische Ausrüstung und architektonische Formen sinnvoll vereint. Die neuen architektonischen Lösungen zeigen klare Linien, Logik und Zweckmäßigkeit. Neue Baustoffe und moderne Technologien kommen zur Anwendung. Der neue architektonische Stil äußert sich auch in der großzügigen städtebaulichen Planung, der Harmonie mit den umliegenden Bauten und der Landschaft. Den neuen Gebäuden fehlen weder die Leichtigkeit der modernen internationalen Architektur und Baukunst noch die Gemütlichkeit, Bequemlichkeit und Romantik der alten bulgarischen Häuser. Auch hier entstanden durch Verbindung von Tradition und Modernem Bauwerke, die den neuen Ansprüchen der Menschen, dem neuen Leben gerecht werden.

All das ist ein Verdienst der bulgarischen Architekten, die bei der Ausarbeitung der Stadtbaupläne und der Entwürfe für neue Wohnhäuser und öffentliche Bauten teilnehmen und Typenprojekte entwerfen, nach denen neue Wohnhäuser in den Städten und Dörfern gebaut werden. Früher hatten die wenigen bulgarischen Architekten vorwiegend im Ausland studiert. Heute gibt es in Bulgarien zahlreiche Architekten, von denen 90 Prozent junge, begabte und energische Menschen sind, die ihre Ausbildung in der Heimat erhalten haben. Das Werk bulgarischer Architekten sind die durch ihre Gestaltung und Schönheit beeindruckenden Kurorte Drushba und Slatni Pjassazi bei Varna, Albena bei Baltschik, Slantschev Brjag bei Nessebar und Russalka in der Nähe des Kaps Kaliakra. In den letzten Jahren erhielten viele unserer jungen Architekten und Bauingenieure bei Wettbewerben in verschiedenen Ländern Prämien und wurden mit der Stadtbauplanung von Tunis und einer Reihe von Städten in Syrien, Ghana, Libyen und vielen anderen Ländern beauftragt.

Die moderne Architektur hat im Leben des Landes und seiner Menschen rasch Eingang gefunden und wirkt sich sowohl auf die Lebensweise als auch auf die gesamte ästhetische Erziehung des bulgarischen Volkes aus.

Bulgariens Erfolge auf dem Gebiet der Kultur und der Kunst sind ein glänzender Beweis für die Richtigkeit der Worte des unsterblichen Georgi Dimitroff, daß zur Kultur alle Völker beitragen können. Der Beitrag des bulgarischen Volkes ist nicht gering. Es fährt auch jetzt in seinem edlen Streben und seinen erfolgreichen Bemühungen fort, Wissenschaft und Praxis, Lied und Volk, Volk und Kunst, Arbeit und Leben, Willen und Lied miteinander zu vereinen.

Und wo der Wille besteht, werden auch die höchsten Gipfel erreicht.

ABBILDUNGEN 153—208

153 Nach dem Studium   Foto: Jordan Jordanov
154 Maler in Nessebar   Foto: Vladimir Dimtschev
155 Die Familie des Fischers   Foto: Nikolaj Popov
156 Jugend   Foto: Kliment Michajlov
157 Zum Standesamt   Foto: Ivan Kepenerov
158—160 Bauernhochzeit
    Fotos: Stojko Koshucharov, Toros Horissjan
161 »Denker«   Foto: Ivo Hadshimischev
162 Im Kindergarten   Foto: Petko Petkov
163 »Ohne Worte«   Foto: Lotte Michajlova
164 Kindergarten im Kombinat Ho Schi Min
    Foto: Boris Juskesseliev
165 Ljubomir Daltschev: Kyrill und Methodi — Schöpfer des slawischen Schrifttums in der Mitte des 9. Jahrhunderts   Foto: Nikolaj Schterev
166 Die Grundschule »Christo Karpatschev« in Sofia
    Foto: Todor Simeonov
167 Kyrillische Inschrift auf der Grabplatte des hohen Würdenträgers Mostitsch, 10. Jahrhundert
    Foto: Nikolaj Popov
168 Im Klassenzimmer   Foto: Ivo Hadshimischev
169 Die Universität von Sofia »Kliment Ochridski«
    Foto: Nikolaj Popov
170 Bei der Vorlesung   Foto: Jordan Jordanov
171 Hörsaal in der Universität von Sofia
    Foto: Dimitar Janev
172 Die Nationalbibliothek »Kyrill und Methodi«
    Foto: Dimitar Kazev
173 Der Ehrenvorsitzende der Bulgarischen Akademie der Wissenschaften, Todor Pavlov
    Foto: Toros Horissjan
174 In einer Buchhandlung in Sofia
    Foto: Dimitar Sibirski
175 Vor den Prüfungen   Foto: Ivo Hadshimischev
176 Der Maler Detschko Usunov mit dem Komponist Philip Kutev   Foto: Petar Boshkov
177 Der Regisseur Grischa Ostrovski
    Foto: Ivo Hadshimischev
178 Der Komponist Ljubomir Pipkov
    Foto: Ivo Hadshimischev
179 Der Maler Stojan Venev
    Foto: Ivo Hadshimischev
180 Der Schriftsteller Orlin Vassilev
    Foto: Ivo Hadshimischev
181 Selbstbildnis von Zacharij Christović Zograf, bedeutender Maler aus der Zeit der bulgarischen Wiedergeburt   Foto: Julian Tomanov
182 Stojan Venev: »Mutter«   Foto: Julian Tomanov
183 Ivan Nenov: »Morgen«   Foto: Julian Tomanov
184 Svetlin Russey: »Brot«   Archivaufnahme
185 Slatju Bojadshiev: »Abendgebet« Archivaufnahme
186 Ivan Vasov, der Klassiker der bulgarischen Dichtung   Archivaufnahme
187 Stefan Gezov in einer Rolle aus »Egor Bulitschov und die anderen«, von M. Gorki
    Foto: Ognjan Juskesseliev
188 Detschko Usunov: »Krastju Sarafov als Falstaff«
    Foto: Julian Tomanov
189 Der Schauspieler Apostl Karamitev
    Foto: Krum Arsov
190 Die bekannte Film- und Bühnenkünstlerin Nevena Kokanova   Foto: Milka Russinova
191 Der Filmregisseur Sachari Shendov
    Foto: Shana Karastojanova
192 Ballett   Foto: Liliana Georgieva
193 Der weltberühmte Bassist Nikolaj Gjaurov in der Rolle des Mephistopheles Foto: Ognjan Juskesseliev
194 Krankenhaus in Gabrovo Foto: Boris Juskesseliev
195 Chirurgie   Foto: Toros Horissjan
196 Ausländische Studenten in der Medizinischen Akademie in Sofia   Foto: Krum Arsov
197 Die dreifache absolute Weltmeisterin in künstlerischer Gymnastik, Maria Gigova Foto: Ivan Popov
198 Das nationale Stadion »Vassil Levski« in Sofia
    Foto: Ivan Popov
199 Jordanka Blagoeva, 1973 Weltmeisterin im Hochsprung   Foto: Ivan Popov
200 Stefka Jordanova, 1972 Weltmeisterin im 800-m-Hallenlauf   Foto: Ivan Popov
201 Peter Kirov, zweifacher Olympia- und Weltmeister im klassischen Ringkampf, Körpergewicht bis 52 kg   Foto: Ivan Popov
202 Nedeltscho Kolev, 1973 und 1974 Weltmeister im Gewichtheben, Körpergewicht bis 75 kg
    Foto: Ivan Popov
203 Liliana Tomova, 1974 Weltmeisterin im 880-Yardlauf   Foto: Ivan Popov
204 Alexandar Tomov, zweifacher Weltmeister im klassischen Ringkampf, schwere Kategorie, Körpergewicht über 100 kg   Foto: Ivan Popov
205 Svetla Slateva, 1973 Weltmeisterin im 800-m-Lauf
    Foto: Ivan Popov
206 Andon Nikolov, Weltmeister im Gewichtheben. Neben ihm Georgi Kostadinov, Olympiasieger im Boxen-Bantamgewicht   Foto: Ivan Popov
207 Athletikwettkampf im Festivalsaal, Sofia
    Foto: Ivan Popov
208 Ethnographisches Museum in Plovdiv, erbaut 1847
    Foto: Julian Tomanov

156 | 157

158

159

160

161

162

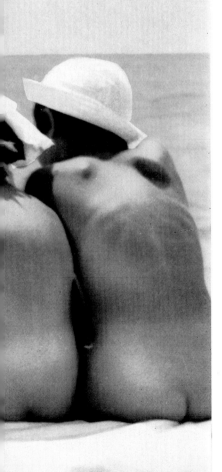

163

164

166

167

168

173

174 175

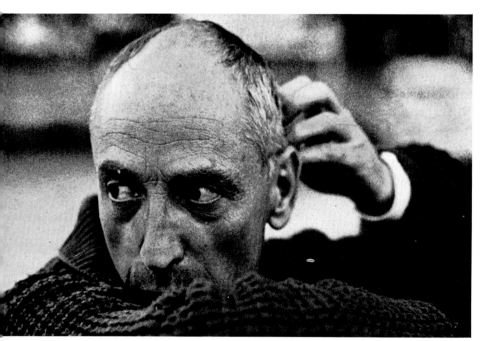

182

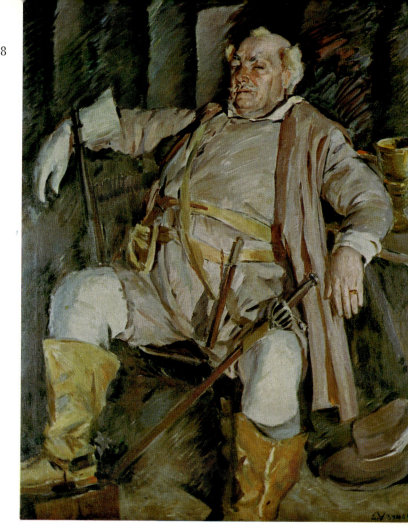

188

187

189

190

191

192

193

194

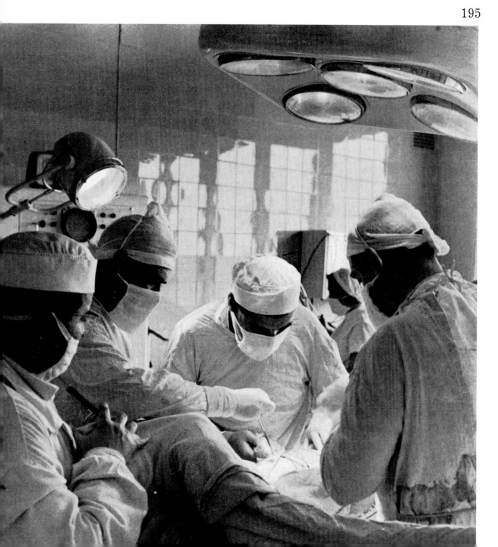

195

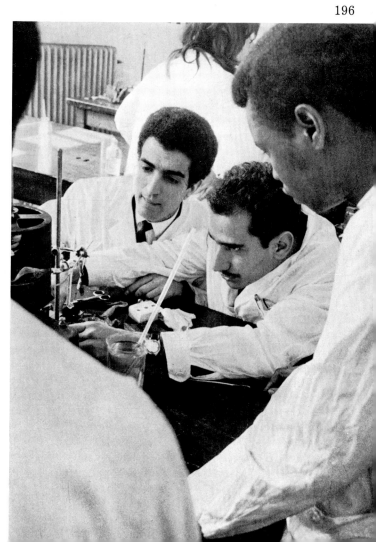

196

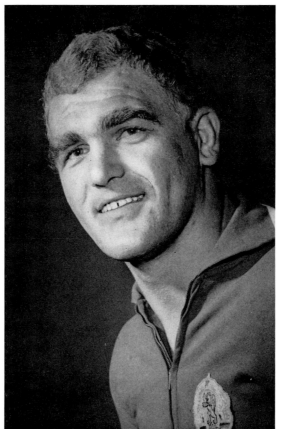

| 198 | 199 | 200 | 201 | 202 |
| 203 | 204 | 205 | 206 | 207 |

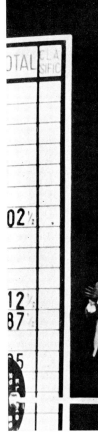

208